Willi Darr

AF186074

Übungsbuch zu den Grundfragen des Einkaufsmanagements

100 Fragen zur Wiederholung und Klausurvorbereitung

Willi Darr

Übungsbuch zu den Grundfragen des Einkaufsmanagements

100 Fragen zur Wiederholung und Klausurvorbereitung

tredition Verlag
Hamburg

Hardcover   ISBN 978-3-7469-7893-2

Paperback   ISBN 978-3-7469-7892-5

e-Book   ISBN 978-3-7469-7894-9

Bibliografische Information der Deutschen Nationalbibliothek

Die Deutsche Nationalbibliothek verzeichnet diese Publikation in der Deutschen Nationalbibliografie; detaillierte bibliografische Daten sind im Internet über http://dnb.dnb.de abrufbar.

Herstellung und Verlag

tredition GmbH, Hamburg

Vorwort

Der Einkauf bzw. das Einkaufsmanagement in Unternehmen hat in den letzten Jahren einen deutlichen Bedeutungsschub erhalten. Die zunehmende Fremdvergabe von Leistungen an Lieferanten und die gleichzeitige Beauftragung internationaler Lieferanten haben die Aufgaben und das Berufsbild der Einkäufer hinsichtlich ihres Beitrages zur unternehmerischen Wertschöpfung verändert. Dabei finden zunehmend Produktentwicklungen in der Lieferkette statt. Ohne Einkaufsmanagement sind unternehmerische Strategien und die Erreichung nachhaltiger Wettbewerbsvorteile nicht mehr zu erzielen. Der Einkauf ist ein zentraler Erfolgsfaktor im Unternehmen geworden. Eine profunde Ausbildung der Einkäufer ist heute selbstverständlicher Teil jeder Aus- und Weiterbildung.

Dieses Übungsbuch leistet einen grundlegenden Beitrag, indem es die zentralen Elemente und Zusammenhänge aus meinem Lehrbuch „Grundfragen des Einkaufsmanagements" wiederholt und anhand von detaillierten Fragen die Aufmerksamkeit auf die facettenreiche Welt des Einkaufs lenkt. Es ist für den Einstieg in das Einkaufsmanagement geeignet und damit eine hilfreiche Lektüre für alle Studenten und Praktiker.

Um die Lesbarkeit zu wahren, wird auf die Verwendung von Doppelformen oder andere Kennzeichnungen für weibliche und männliche Personen verzichtet.

Jedem Leser wünsche ich hilfreiche Einblicke und erlebte Lerneffekte bei seinem Weg in den bzw. im Einkauf.

Willi Darr

Inhaltsverzeichnis

1. Übungsfragen zu den Grundlagen des Einkaufsmanagements .... - 1 -

    a. Zum Begriff des Einkaufs .... - 1 -

    b. Zu den Einkaufsobjekten.. - 3 -

    c. Zum Einkaufsprozess .... - 4 -

    d. Zum Einkaufsmanagement...................................... - 5 -

    e. Zu den Zielen des Einkaufs .... - 6 -

    f. Mögliche Klausurfragen.. - 10 -

2. Übungsfragen zur Bedeutung des Einkaufsmanagements................... - 11 -

    a. Zum Outsourcing .... - 11 -

    b. Zur Hebelwirkung des Einkaufs............................... - 11 -

    c. Zu den sinkenden Transferkosten .... - 12 -

    d. Zu den schwankenden Wechselkursen und Rohstoffpreisen .... - 12 -

    e. Mögliche Klausurfragen....................................... - 13 -

3. Übungsfragen zum Management der Einkaufsorganisation................ - 14 -

    a. Zum Aufbau der Primärorganisation .... - 14 -

    b. Zur hierarchischen Bedeutung des Einkaufsmanagements .... - 16 -

    c. Zu den Gliederungsprinzipien der Organisation .... - 16 -

    d. Zur Sekundärorganisation .... - 17 -

    e. Zur Qualifikation der Einkäufer............................... - 17 -

    f. Mögliche Klausurfragen....................................... - 17 -

4. Übungsfragen zum Materialmanagement .... - 19 -

    a. Zur Übersicht der Aufgaben.................................... - 19 -

    b. Zum Outsourcing als Entscheidungsproblem.................... - 19 -

c.   Zu den Beständen als Entscheidungsproblem .... - 21 -

    i.   Zu den Beständen als Wert .... - 22 -

    ii.   Zur Mengenplanung .... - 24 -

    iii.   Zu den strategischen Aspekten der Materialwirtschaft .... - 26 -

d.   Mögliche Klausurfragen .... - 27 -

5.   **Übungsfragen zum Lieferantenmanagement** .... - 28 -

a.   Zu den Aufgaben des Lieferantenmanagements .... - 28 -

b.   Zur Bildung der Lieferantenstruktur .... - 28 -

c.   Zu den Merkmalen der Lieferantenbeziehung .... - 36 -

d.   Zur Lieferantenbewertung .... - 41 -

e.   Mögliche Klausurfragen .... - 44 -

6.   **Übungsfragen zum Risikomanagement und Compliance** .... - 46 -

a.   Zum Risiko und zur Krise .... - 46 -

b.   Zu den gesetzlichen Grundlagen des Risikomanagements .... - 47 -

c.   Zu den Phasen des Risikomanagements .... - 48 -

d.   Zu den Grundlagen des Compliance .... - 51 -

e.   Mögliche Klausurfragen .... - 54 -

7.   **Literaturhinweise** .... - 56 -

VIII

1. Übungsfragen zu den Grundlagen des Einkaufsmanagements

a. Zum Begriff des Einkaufs

Frage 1-1: Wie wird „Einkauf" definiert?

Antwort 1-1: Der Einkauf ist definiert als die Gesamtheit der Tätigkeiten, um dem Unternehmen die benötigten, aber nicht selbst erstellten Güter zur Verfügung zu stellen. Dabei liefert der Einkauf einen sog. Transaktionsnutzen, d.h. einen Nutzen hinsichtlich der beschaffungsseitigen Geschäftsvorbereitung, -anbahnung und -abwicklung.

Frage 1-2: Wie wird der Einkauf (bzw. Beschaffung) im Unternehmen eingeordnet?

Antwort 1-2: In einer funktionalen Gliederung des Unternehmens ist der Einkauf neben der Produktion/ Produktentwicklung und dem Marketing/ Vertrieb die dritte produktbezogene Wertschöpfungsfunktion eines Unternehmens.

Frage 1-3: Welches sind die Unterschiede von Einkauf und Logistik im Wertschöpfungsprozess des Unternehmens?

Antwort 1-3: Diese Antwort wird auf der Grundlage eincs Auftragszyklus vorgenommen. Zu den Kernaufgaben des Einkaufs zählen die Prozesse von der Bedarfsermittlung bis zur Auslösung der physischen Warenströme beim Lieferanten. Die Logistik ist verantwortlich von der Auslösung der physischen Warenströme vom Lieferanten bis zum einkaufenden Unternehmen. Diese beiden Bereiche eines Unternehmens sind nicht unabhängig voneinander und sind aufeinander abzustimmen. Grob lassen sich die beiden Bereiche durch die Flussrichtung (Einkauf: zum Lieferanten; Logistik: vom Lieferanten) und den Gegenstand (Einkauf: Informationsfluss zu Aufträgen; Logistik: physischer Warenfluss) voneinander abgrenzen.

Frage 1-4: In welchem Verhältnis stehen die Tätigkeiten des Einkaufs und die Lieferkette eines Unternehmens?

Antwort 1-4: Die Lieferkette eines Produktes ist durch eine Vielzahl an aufeinander aufbauenden Arbeitsschritten und in der Regel eine Vielzahl an tätigen Unternehmen gekennzeichnet, um ein definiertes Endprodukt zu erstellen. Aus der Sicht eines Unternehmens werden spezifischen Fertigungsschritte selbst vorgenommen (make) und die vorgelagerten Fertigungsschritte der Vorprodukte von Lieferanten (buy) bezogen. Die komplette Lieferkette eines Unternehmens setzt sich somit zusammen aus einer Vielzahl von Einkaufs- und Fertigungsprozessen. Der Produktionsanteil eines Unternehmens an der Lieferkette wird als **Fertigungstiefe** (make-Anteil) bezeichnet. Diese wird durch den prozentualen Anteil der Fertigungskosten an den Gesamtkosten des Produktes gemessen. Der Anteil, den ein Unternehmen einkauft, wird demzufolge als **Einkaufstiefe** (buy-Anteil) bezeichnet. Diese wird durch den prozentualen Anteil der Einkaufskosten an den Gesamtkosten des Produktes gemessen. Bezogen auf ein Unternehmen ist die Summe aus Fertigungstiefe und Einkaufstiefe definitorisch immer 100 %.

Frage 1-5: Wie setzt sich die Einkaufstiefe in der Lieferkette zusammen?

Antwort 1-5: In einer kompletten Lieferkette eines Produktes von der Rohstoffgewinnung bis zum fertigen Endprodukt ist die Summe aller Einkaufstiefen (bzw. die Summe aller Fertigungstiefen) aller beteiligten Unternehmen eines Produktes definitorisch immer 100 Prozent.

Frage 1-6: In welchem Verhältnis steht die Produktion des einkaufenden Unternehmens bzw. die Leistungen der Lieferanten zum Einkauf?

Antwort 1-6: Der Einkauf hat immer zwei natürliche „Nachbarn": den Vertrieb des Lieferanten und die Produktion des eigenen Unternehmens. Den Bedarf an zu beschaffenden Gütern erhält der Einkauf von der Produktion bzw. der Produktionsplanung (Nettobedarfe). Der Produktionsplan bildet damit i.d.R. eine wesentliche Grundlage für den qualitativen und quantitativen Beschaffungsbedarf des Einkaufs. Dieser basiert auf dem Primärbedarf des Unternehmens und wird über die Stückliste in den Sekundärbedarf heruntergebrochen. Im Abgleich mit den Lagerbeständen werden aus den Brutto-Sekundärbedarfen die Netto-Werte der Produktion und der Beschaffung bestimmt.

Die Lieferanten werden im Abgleich mit den Zielen des einkaufenden Unternehmens und deren Leistungsfähigkeit beauftragt. Der Einkauf ist das Bindeglied zwischen dem Beschaffungsmarkt und der eigenen Produktion und koordiniert in Summe die Aktivitäten der beiden „Nachbarn", indem er die Netto-Bedarfe sicherstellt und die Chancen des Beschaffungsmarktes nutzt.

Frage 1-7: Welche Spannungsfelder bestehen grundsätzlich zwischen dem Einkauf und den Lieferanten?

Antwort 1-7: Zwischen dem einkaufenden Unternehmen und dem verkaufenden Unternehmen (Lieferant) bestehen immer Spannungsfelder: In materieller Hinsicht fertigt der Lieferant die benötigten Teile; in finanzieller Hinsicht definiert der Einkaufspreis (Verkaufspreis des Lieferanten) die konkurrierende finanzielle Situation beider Unternehmen; in räumlicher Sicht sind Distanzen zu überwinden; in zeitlicher Hinsicht konkurrieren die Vorbereitungszeiten des Lieferanten mit den kurzen Lieferzeitzielen des Einkaufs; in informatorischer Sicht weiß der Einkauf mehr von den bedarfsmengenbestimmenden Sachverhalten des Absatzmarktes; in rechtlicher Sicht ist der Gefahrenübergang vom Lieferanten auf das einkaufende Unternehmen festzulegen.

b. Zu den Einkaufsobjekten

Frage 1-8: Wie können Einkaufsobjekte kategorisiert werden?

Antwort 1-8: Es sind mehrere Unterteilungen möglich. Eine erste Einteilung erfolgt in die Kategorien „Produktionsmaterial, Nicht-Produktionsmaterial, Investitionsgüter, Dienstleistungen, Handelswaren". Eine zweite Einteilung unterscheidet hinsichtlich der alternativen Lieferkettenstrukturen „Make to Stock (MTS), Assemble to Order (ATO) bzw. Make to Order (MTO)". Eine dritte Einteilung unterscheidet hinsichtlich der Fertigungsorganisation/ der Stückzahl in einer Fertigung die Kategorien „Einzelprodukt, Serienprodukt bzw. Massenprodukt".

c. Zum Einkaufsprozess

Frage 1-9: Welche Vorgänge lösen die interne Anforderung der Produktionsabteilung (z.B. nach Bauteilen oder Rohstoffen) im Unternehmen und beim Lieferanten aus?

Antwort 1-9: Auf der Grundlage einer Absatzplanung oder fester Kundenaufträge (Primär-Bedarf eines Unternehmens) wird eine Produktionsplanung erstellt. Damit ist der mengenmäßige Bedarf an Bauteilen über die Stückliste festzustellen (Brutto-Sekundärbedarf). Im Abgleich mit den internen Lagerbeständen an Bauteilen ergibt sich der Netto-Sekundärbedarf, der als Beschaffungsmenge notwendig ist, um die Produktion durchführen zu können. Hierdurch kommt die Rolle eines Unternehmens bzw. des Einkaufs als Teil einer Lieferkette zum Ausdruck.

Frage 1-10: Aus welchen Elementen besteht der Auftragszyklus?

Antwort 1-10: Der Auftragszyklus (Einkaufsprozess) ist Teil des Wertschöpfungsprozesses des Unternehmens und beschreibt die einzelnen Schritte von der Willensbildung der Einkaufsaufträge bis zur Übergabe der beschafften Güter an die Fertigung, d. h. den internen Nachbarn. Die Gesamtheit aller Prozessschritte von der Willensbildung des Einkäufers bis zum Erhalt der Beschaffungsgüter wird als **Auftragszyklus** bezeichnet. Insgesamt lassen sich im Auftragszyklus folgende Teilschritte unterscheiden (hier für Make to Stock): (i) Bedarfsfeststellung, (ii) Auftragsbildung, (iii) Lieferantensuche, (iv) Lieferantenauswahl, (v) Auftragsübermittlung, (vi) Auftragsbearbeitung und -bestätigung, (vii) Kommissionierung und Verpackung, (viii) Transport zum Kunden (ggf. mit Umschlagsprozessen) und (ix) Warenübergabe an den Kunden. Die finanziellen Transaktionen sind die Rechnungserstellung und die Rechnungsbegleichung. Dieser Zyklus läuft im Idealfall sequentiell ab. Im Falle von Rückfragen oder Verhandlungen enthält der Auftragszyklus Rückkopplungsschleifen, die zu einer Verlängerung der Prozessdauer führen.

Frage 1-11: Was sind Unterschiede der Einkaufsprozesse der privaten Konsumenten im stationären Handel und im Distanzhandel (E-Commerce)?

Antwort 1-11: Auch für die private Beschaffung werden die Prozesse im Einkaufszyklus vollzogen. Im stationären Einkauf führt der Konsument i.d.R. alle Schritte selbst aus. Im Falle des Kaufs über den Distanzhandel übernimmt eine Software die Auftragsbearbeitung beim liefernden Händler und i.d.R. ein Dienstleister die Auslieferung und Zustellung der Waren.

Frage 1-12: Inwiefern ist bei der Kanban-Nachschuborganisation ein sequenzieller Prozess sichergestellt?

Antwort 1-12: Der Kanban-Nachschubprozess ist ein vollständig geregelter Beschaffungsprozess: Bedarfsfeststellung bei leeren Behältern löst eine Auftragsbildung in definierter Höhe bei einem definierten Lieferanten (Lieferquelle) aus. Als Auftragsübermittlung dient die Karte (Kanban) bzw. ein Auftragsfile (e-Kanban). Die Bedarfserfüllung ist über eine definierte Produktionsvorbereitung sichergestellt. Die Lieferorte und die Verpackungen sind zuvor definiert worden.

d. Zum Einkaufsmanagement

Frage 1-13: Welche (Teil-) Aufgaben umfasst das Einkaufsmanagement?

Frage 1-13: Das Einkaufsmanagement umfasst die Planung, Steuerung und Kontrolle aller Maßnahmen, um dem einkaufenden Unternehmen die benötigten Güter (das benötigte Produktionsmaterial, die Betriebsstoffe, die Investitionsgüter, die Dienstleistungen und Handelswaren) in geeigneter Form rechtlich und faktisch verfügbar zu machen. Das Einkaufsmanagement ist Teil des Unternehmensmanagements und ist mit den anderen Bereichen des Unternehmens (insbes. Produktion, Absatz) abzustimmen.

Es wird in die drei Hauptaufgaben (i) Lieferantenmanagement (bei wem), (ii) Materialmanagement (was und wieviel) und (iii) Management der Einkaufsorganisation/ Beschaffungsorganisation (wer) unterteilt.

Das Lieferantenmanagement richtet alle Fragen auf den Bezugspartner der externen Leistungen aus. Das Materialmanagement bezieht sich auf alle Fragen, die die Beschaffungsgüter betreffen. Das Management der Beschaffungsorganisation betrachtet den Einkauf als organisatorische Einheit. Sämtliche Aufgaben des Managements lassen sich immer in ein strategisches Management und in ein operatives Management unterteilen.

Frage 1-14: Welches sind die strategischen und operativen Aufgaben des Einkaufsmanagements?

Antwort 1-14: Das **strategische Einkaufsmanagement** (Einkaufsstruktur) umfasst die Planung, Steuerung und Kontrolle der Lieferantennetzwerke (das Netzwerk und die Leistungsfähigkeit der Lieferanten), der Strukturmerkmale der beschafften Güter bzw. Dienstleistungen (im Abgleich von make-or-buy) und die Struktur der Einkaufsorganisation (Aufbau, Qualifikation und Leistungsfähigkeit der Einkäufer). Durch die strategischen Entscheidungen werden die Rahmenbedingungen der stattfindenden Prozesse definiert.

Auf der Grundlage der getroffenen strategischen Entscheidungen kann dann das **operative Einkaufsmanagement** erfolgen. Dies umfasst die Planung, Steuerung und Kontrolle der Prozesse zu/ mit den Lieferanten, die konkreten Mengen- und Lieferserviceentscheidungen zu einzelnen Aufträgen und die Prozesse in der Beschaffungsorganisation. Die Prozesse des Auftragszyklus stehen angesichts der aktuellen Digitalisierungsdiskussion im Fokus.

Demzufolge lassen sich insgesamt **sechs Hauptaufgaben des Einkaufsmanagements** unterscheiden: Lieferantenstrategie, Materialstrategie, Strategie der Beschaffungsorganisation, Lieferantenprozesse, Materialwirtschaftsprozesse und Prozesse in der Beschaffungsorganisation.

e. Zu den Zielen des Einkaufs

Frage 1-15: Welche Funktionen haben Ziele?

Antwort 1-15: Die Ziele eines Unternehmens sind ein wichtiger Bestandteil im Managementprozess. Ziele stellen Bewertungskriterien eines Unternehmens dar und bringen zum Ausdruck, in welcher Form bestimmte Planungen zu erreichen sind. Durch die Ziele können die Tätigkeiten in den Unternehmen koordiniert und aufeinander abgestimmt werden. Ferner dienen die Ziele als Grundlage der Kontrolle und der internen Diskussionen zu strategischen und operativen Entscheidungen.

Frage 1-16: Wie kann eine Übersicht der möglichen Zielinhalte für den Einkauf ausgestalten werden?

Antwort 1-16: Eine Ausgestaltung kann vorgenommen werden, indem die möglichen Zielinhalte und die Zielobjekte in einer Matrix dargestellt werden. (i) An **Zielinhalten** lassen sich folgende sieben nennen: Erlöse, Kosten, Lieferservice, Finanzen, Qualität, Nachhaltigkeit und Risiko. Auch wenn zwischen den genannten Inhalten zum Teil Überschneidungen bestehen, so spannen diese Zielinhalte das Wertespektrum des Einkaufs auf. (ii) An **Zielobjekten** lassen sich die Lieferanten, die Einkaufsobjekte und die Einkaufsorganisation unterscheiden. (iii) Damit kann eine **7x3 Zielmatrix** des Einkaufsmanagements aufgespannt werden.

Frage 1-17: Welche Ziele können beispielhaft genannt werden?

Antwort 1-17: Ein Ziel besteht aus einem Zielinhalt, einem Messkriterium, einem Ausmaß und einem Zeitbezug. Als Beispiele können genannt werden: (i) Verkürzung der Zeit (in Tagen) des Auftragszyklus um 50 Prozent innerhalb des nächsten Jahres (strategisch, Einkauf insgesamt). (ii) Reduzierung der Einkaufskosten (in €) der metallischen Bauteile um 5 Prozent innerhalb der nächsten sechs Monate (operativ, Bauteillieferanten). (iii) Reduzierung der Kapitalbindung (in €) von Standarteilen um 50 Prozent innerhalb der nächsten zwei Jahre (strategisch, Material). (iv) Erhöhung des Anteils der Einkäufer mit exzellenten Sprach- und Kulturkenntnissen (gemäß Notenskala) auf 95 Prozent innerhalb der nächsten zwei Jahre (strategisch, Einkaufsorganisation).

Frage 1-18: Ist das Ziel „die richtige Ware, zur richtigen Zeit, in der richtigen Qualität, zum richtigen Preis, etc." ein sinnvolles Ziel des Einkaufsmanagements?

Antwort 1-18: Eine solche Zielformulierung ist häufig zu lesen. Sie ist jedoch als kritisch einzustufen. (i) Es wird nicht deutlich, ob „die richtige Ware oder der richtige Preis" bzw. „die richtige Ware und der richtige Preis" gemeint sind. Die Konsequenzen hieraus werden interessanterweise nie thematisiert. (ii) Es wird nie spezifiziert, was „richtig" eigentlich bedeutet und wer diese Anforderungen definiert. (iii) Es wird ferner nicht erläutert, ob es eine bessere Möglichkeit der Beschaffung gibt als das genannte „richtig". Insofern ist ein derart bezeichneter Einkauf auf die Bearbeitung zuvor definierter Einkaufsaufträge reduziert. Der andere Teil des Einkaufs, der die Entscheidungen der Aufträge trifft, wird nie angesprochen. Zeitlich wäre diese Definition den 50er/ 60er Jahren zuzuordnen. (iv) Besonders kritisch ist die passive Rolle des Einkaufs zu bewerten, da angesichts der Einkaufstiefe, der Hebelwirkung und ggf. der strategischen Bedeutung des Einkaufs die Chancen zur Steigerung der Wettbewerbsfähigkeit des Unternehmens deutlich eingeschränkt sind und die wahren Herausforderungen des Unternehmens nicht in der präzisen Erfüllung von Auftragsbearbeitung liegen, sondern in der strategischen (Mit-) Ausrichtung der Unternehmensführung.

Frage 1-19: Warum sind Zielkonflikte zu vermeiden und wie kann dies erreicht werden?

Antwort 1-19: Ein Zielkonflikt bedeutet, dass ein Ziel nur zulasten eines anderen Ziels erreicht werden kann. Damit wäre die Festlegung der Ziele des Einkaufs nicht widerspruchsfrei erfolgt. Als Beispiel lässt sich der Konflikt zwischen dem Qualitätsziel und dem Kostenziel anführen: die höhere Qualität der Beschaffungsgüter ist nur mit höheren Kosten zu erreichen. Beispiele für andere Zielkonflikte lauten: Lieferzeitziel gegen Kostenziel bzw. Lagerhaltungskosten gegen Bestellkosten.

Kann eine gemeinsame Bewertungsgrundlage gebildet werden, z.B. Kosten, so kann das Kostenminimum der beiden Zielinhalte ermittelt werden. Als Beispiel lässt sich das Minimum der durchschnittlichen Kosten je Stück für die Lagerhaltungskosten und die bestellfixen Kosten anführen (z.B. Andler' schen Formel der optimalen Bestellmenge).

Kann eine gemeinsame Bewertungsgrundlage nicht gebildet werden, so kann der Konflikt über eine Hierarchie der beiden Ziele gelöst werden, indem ein Ziel als Oberziel und ein Ziel als Unterziel fungiert. Alternativ ist es möglich, dass ein Ziel als Nebenbedingung, z.B. Mindestqualität oder maximale Lieferzeit, angesehen wird und das andere Ziel versucht wird zu maximieren (bzw. zu minimieren).

Übungsfragen zu Einkaufskosten

Frage 1-20: Wie setzen sich die Einkaufskosten eines Beschaffungsobjektes zusammen?

Antwort 1-20: Es gibt mehrere Möglichkeiten, diese Aufstellung vorzunehmen.

Eine Möglichkeit ist die Summe der direkten Kosten der Einkaufsgüter (EK 1), der indirekten Kosten des Einkaufs (Gemeinkosten, EK 2) und der Opportunitätskosten der Einkaufsentscheidungen (EK 3) zu bilden. Eine weitere Möglichkeit besteht darin, die Gliederung der Kosten anhand des Total Cost of Ownership Ansatzes vorzunehmen, d.h. es werden die Kosten vor der Einkaufsentscheidung, die Kosten der Einkaufsentscheidung und die Kosten nach der Einkaufsentscheidung betrachtet.

Frage 1-21: Ist der günstigste Einkaufspreis immer der beste Preis?

Antwort 1-21: Der günstigste Preis ist zunächst einmal c.p. immer der beste Preis. Die wirkliche Antwort liegt in der Bedingung „c.p.". Wenn durch den Einkaufspreis bzw. wenn durch die Einkaufsentscheidung Folgewirkungen ausgelöst werden, die zu Folgekosten führen, so kann ein günstiger Beschaffungspreis in Summe für das Unternehmen insgesamt teurer werden und der günstige Preis ist dann nicht mehr der beste Preis. Diese Diskussion wird in dem **Total Cost of Ownership**-Ansatz (TCO) behandelt.

Folgekosten aufgrund sehr günstiger Preise (EK 1) sind z.B. höhere Warenbezugskosten (z.B. Logistik, Lagerhaltung, Verpackung) oder höhere Gemeinkosten des Einkaufs (z.B. höhere Transaktionskosten). Prägnant sind Folgekosten günstiger Beschaffung im Bereich der Qualität oder der zu hohen Mindestabnahmemengen bzw. der zu langen Lieferzeiten, die dann im Bereich der Produktion/ des Vertriebs zu z.T. überproportional hohen Folgekosten führen.

Eine ganzheitliche Betrachtung aller Konsequenzen der Einkaufsentscheidungen (hier: TCO) liefert dann die „richtige" Antwort.

f. Mögliche Klausurfragen

Aufgabe a: Nennen Sie die Gründe, Ziele für den Einkauf zu formulieren, und geben Sie eine Übersicht (Zielmatrix) über Inhalt und Objekte dieser Ziele.

Aufgabe b: Beschreiben Sie zwei harmonische und zwei widersprüchliche Ziele aus dieser Zielmatrix.

Aufgabe c: Ein einkaufendes Unternehmen ist auf der Suche nach dem besten Preis für ein metallisches Bauteil (Metallrohr mit 200 mm Länge) bei einem Jahresbedarf von 10.000 Stück auf folgende Angebote gestoßen:

- Lieferant A bietet bei 10.000 Stück einen Preis von 5 Euro pro Stück frei Haus.

- Lieferant B bietet bei 20.000 Stück einen Preis von 4 Euro pro Stück frei Lieferantenlager. Der Transport kostet 7.500 Euro inkl. Versicherung. Die Lagerung der überschüssigen 10.000 Stück für das Folgejahr wird mit 5.000 Euro veranschlagt.

- Lieferant C bietet bei 5.000 Stück für den Restbestand von Rohren mit 400 mm Länge einen Preis von 9 Euro pro Stück frei Haus. Die Produktion (Teilen in zwei Stücke) kosten 0,50 Euro pro Teilung.

Bei welchen Rahmenbedingen ist Lieferant A besser als B? Bei welchen Rahmenbedingungen ist Lieferant B besser als C? Bei welchen Bedingungen ist Lieferant A besser als C?

Machen Sie dabei deutlich, in welchen Fällen eine Zwischenlagerung, zusätzliche Produktionsschritte, Mehrjahresbedarfe, Qualitätsverluste oder zusätzliche Transportkosten für die Entscheidung zu beachten sind.

Aufgabe d: Geben Sie einen Überblick über die sechs grundsätzlichen Aufgaben des Einkaufsmanagements und zeigen Sie beispielhaft die Zusammenhänge (Koordinationsbedarfe) zwischen diesen Aufgaben auf.

2. Übungsfragen zur Bedeutung des Einkaufsmanagements

a. Zum Outsourcing

Frage 2-1: Welches sind die zentralen Gründe, die zu dieser mehrheitlichen globalen Arbeitsteiligkeit geführt haben?

Antwort 2-1: Das Outsourcing ist eine Ausprägung der make-or-buy Entscheidung. Ein Hintergrund ist die strengere Risikobewertung von Fremdkapital durch die Banken, welche einen Druck auf die Renditen ausübt. Zum anderen hat die Öffnung der Märkte (WTO-Gründung im Jahre 1994) eine Innovationsspirale ausgelöst. Infolgedessen stieg der Kapitalbedarf zur Finanzierung von Innovationen aller Produktkomponenten. Die Finanzierung der Innovationen und der Produktion wurde sukzessive in die Wertkette verlagert. Zudem werden für standardisierte (bzw. einfache) Teile die weltweit günstigen Beschaffungsquellen genutzt.

b. Zur Hebelwirkung des Einkaufs

Frage 2-2: Wie lässt sich die Hebelwirkung des Einkaufs erklären?

Antwort 2-2: Die Hebelwirkung des Einkaufs erklärt die überproportionale Ergebniswirkung von Einkaufsleistungen auf das Unternehmensergebnis und zeigt hierbei die Auswirkungen auf das Betriebsergebnis, die andere Bereiche des Unternehmens nicht haben. Dies wird anhand eines Beispiels verdeutlicht.

Bei einer Umsatzrendite von 4,762 %, einer Einkaufstiefe von 50 % (bzw. einer Fertigungstiefe von 50 %) und einem Umsatz von 105.000 € ist es nun die Aufgabe, den Gewinn von 5.000 € um 2.500 € auf 7.500 € zu steigern.

Das Einkaufsvolumen beläuft sich (gerundet) auf 50.000 € und eine Einsparung in Höhe von 2.500 € wird bei einer Senkung der Einkaufspreise um 5 % erreicht. Der Vertrieb hat den Umsatz hingegen um ca. 50 % zu steigern, um das Ziel von 2.500 € mehr Gewinn zu erfüllen. Es sind aus Sicht des Unternehmens dann die Realisierungschancen von ca. 52.500 € Mehrumsatz und einer 5 %-igen Senkung der Einkaufskosten abzuwägen.

Bei einer 80 %-igen Einkaufstiefe sinkt die Anforderung an den Einkauf auf ca. 3,1 % und bei einer 90 %-igen Einkaufstiefe sinkt diese auf ca. 2,7 %. Der Vertrieb hat den Umsatz weiterhin jeweils um ca. 50 % zu steigern.

Es wird der Vollständigkeit halber darauf hingewiesen, dass die Hebelwirkung in beide Richtungen gilt, d.h. eine Steigerung der Einkaufskosten hat die gleichen Hebelwirkungen auch in die negative Richtung.

c. Zu den sinkenden Transferkosten

Frage 2-3: Inwiefern erhöhen gesunkene Transferkosten die Bedeutung des Einkaufs?

Antwort 2-3: Die Transferkosten für Güter und für Daten sind in den letzten Jahrzehnten deutlich bis drastisch gesunken. Die geringeren Kosten für die beiden Arten der Transfers haben zur Folge, dass geringere Produktionskosten in Asien nicht durch übermäßig hohe Transferkosten kompensiert werden und damit führen die geringeren Produktionskosten in Asien nach Abzug der Transferkosten zu einer deutlichen Kostensenkung des Unternehmens im Inland. Somit hat der Einkauf die Entwicklung und die Marktchancen in Ländern mit geringen Produktionskosten sehr genau zu beobachten und die o.g. Hebelwirkung zu nutzen.

d. Zu den schwankenden Wechselkursen und Rohstoffpreisen

Frage 2-4: Inwiefern haben die Wechselkurse bzw. die Rohstoffpreise einen deutlichen Einfluss auf die Ergebnissituation im Unternehmen?

Antwort 2-4: Die Wechselkurs- bzw. die Rohstoffpreisschwankungen haben einen vergleichbaren Effekt wie die Hebelwirkung aus Frage 2-2. Ein schwächerer Euro zum US $ von 1,35 auf 1,20 hat bei einer 50 %-igen Einkaufstiefe einen ca. 5,5 %-igen Renditeeffekt. Die gleiche Wirkung erzielt eine ca. 11 %-ige Rohstoffpreissteigerung.

Ein Absinken des Euros auf 1,05 (von 1,20 kommend) hat eine ca. 6 %-ige Verschlechterung der Rendite des Unternehmens zur Folge.

e. Mögliche Klausurfragen

In der Pressemitteilung eines deutschen Herstellers von Waschmitteln mit weltweiten Absatzmärkten wird folgendes berichtet: (Auszug)

(i)   Beim Einkauf von Transportdienstleistungen auf dem US-Markt mussten gestiegene Preise akzeptiert werden. Ferner konnten nicht alle Transportrelationen aufgrund von Marktengpässen sichergestellt werden.

(ii) Die angespannte Rohstoffsituation und der Wechselkurs auf dem Weltmarkt führen zu erhöhten Beschaffungspreisen der Waschmittelkomponenten.

(iii) Die chinesische Regierung plant eine Gesetzesinitiative zur vorgeschriebenen Verwendung von ökologisch abbaubaren Waschmittelkomponenten.

Aufgabe a: Erläutern und begründen Sie die gestiegene Bedeutung des Einkaufsmanagements anhand der drei genannten Punkte.

Aufgabe b: Zeigen Sie drei begründete Konsequenzen für die Einkaufsorganisation auf.

Aufgabe c: Entwickeln Sie je Herausforderung (siehe i bis iii) jeweils einen begründeten Vorschlag, so dass diese Herausforderungen in der Zukunft gemeistert werden können.

3. Übungsfragen zum Management der Einkaufsorganisation

a. Zum Aufbau der Primärorganisation

Frage 3-1: Welches sind die Vorteile einer zentralen (funktionalen) Einkaufsabteilung?

Antwort 3-1: Bei der zentralen Einkaufsorganisation übernimmt (nur) ein Einkäufer alle Aufgaben in Bezug auf die Beschaffung des weltweiten Bedarfes dieses Einkaufsgutes. Als Vorteil ist die fachliche Bündelung der Aufgaben des Einkäufers und der Aufbau von Know-how zu nennen (d.h. Professionalisierung). Diese Funktionsspezialisierung vermeidet zudem Doppelarbeiten in der Organisation. Ferner hat dieser Einkäufer bessere Kenntnisse über die Beschaffungsmärkte und die Lieferantenleistungen für ein spezielles Einkaufsgut und dies erleichtert die Steuerung/ Kontrolle der Prozesse und der vertraglichen Vereinbarungen. In der Organisation können Prozesse standardisiert werden und dadurch effizientere Steuerungsmöglichkeiten zum Einsatz kommen. Als Vorteile sind abschließend der starke Fokus auf Standarisierung, die Professionalisierung und die Steuerung der Prozesse zu nennen.

Frage 3-2: Welches sind die Vorteile einer dezentralen (divisionalen) Einkaufsorganisation?

Antwort 3-2: Eine divisionale Organisation gliedert das Unternehmen z.B. nach Produktgruppen. Diese Form ist heute bei Großkonzernen anzutreffen. Jede Division hat einen eigenständigen Einkauf, der seine divisionalen Einkaufsgüter eigenständig und unabhängig von den anderen Divisionen behandelt. Hier ist zunächst die stärkere Fokussierung auf den jeweiligen divisionsspezifischen Einkaufsbedarf zu nennen. Dies führt zu einer größeren Nähe zum spezifischen Lieferantenmarkt und zu besseren Kenntnissen der Prozesse und der Bedarfe je Division. Damit werden die Einkaufsverträge und die Prozesse spezifischer ausgestaltet. Als deren Vorteile zählen hierbei die höhere Flexibilität und schnellere Reaktionszeiten durch kürzere Entscheidungswege. Als Fazit ist der starke Fokus auf die Spezifikation je Division zu nennen.

Die Vorteile einer divisionalen Organisation entsprechen i.d.R. den Nachteilen der funktionalen Organisation. Dies gilt auch im umgekehrten Fall.

Frage 3-3: Welches sind die Vorteile einer hybriden Einkaufsorganisation?

Antwort 3-3: Eine hybride Organisation versucht die Vorteile beider zuvor genannten Formen miteinander zu verbinden. Regelungen und Prozesse, die für alle Divisionen identisch ausgestaltet werden können, werden vereinheitlicht (zentral) und spezifische Bedarfe werden divisional (dezentral) geregelt.

Frage 3-4: Welche weiteren Bündelungsmodelle im Spannungsfeld zwischen Zentralisierung und Dezentralisierung gibt es und was sind deren Besonderheiten?

Antwort 3-4: Es sind der Lead Buyer, das Einkaufs-Council und Shared Services zu nennen. (i) Ein sogenannter federführender Einkäufer (**Lead Buyer**) beschafft für sämtliche weiteren Einkäufer der Unternehmensgruppe zuvor definierte Beschaffungsgüter. Er repräsentiert das gebündelte Volumen aller Divisionen gegenüber dem Lieferanten und schließt Rahmenverträge mit unternehmensweiter Gültigkeit ab. Die einzelnen Divisionen rufen dann die jeweils benötigen Mengen auf der Grundlage verhandelter Vereinbarungen ab. (ii) Hier entscheiden kleinere Teams (**Einkaufs-Council**) über die Beschaffung der Güter auch in Form einer gemeinsamen Lieferantenstrategie. Dieses Team entscheidet das unternehmensweite Beschaffungsvolumen gegenüber den Lieferanten. Sie können hierbei auch Vorzugslieferanten (Kernlieferanten) festlegen, die zur dezentralen Beschaffung dann heranzuziehen sind. (iii) Hierbei wird die Einkaufsorganisation wie ein externer Dienstleister (**Shared Services**) gesehen und steht allen Abnehmer von Einkaufsgütern des Unternehmens zur Verfügung. Bei Standardmaterialien (zum Beispiel Büromaterial) können dann zentral verhandelte Güter von einer Vielzahl von Bedarfsträgern abgerufen werden.

b. Zur hierarchischen Bedeutung des Einkaufsmanagements

Frage 3-5: Welches sind die Vorteile eines Einkäufers als Mitglied der Geschäftsführung?

Antwort 3-5: Die hierarchische Einordnung des Einkaufs behandelt die Frage, ob der Einkauf in der Geschäftsführung vertreten sein sollte oder nicht. Als zentraler Vorteil der hierarchischen Aufwertung ist die direkte Teilnahme an den grundsätzlichen Diskussionen und Entscheidungen der Geschäftsleitung zu nennen. Die Sachzwänge und die Vorteile eines Liefernetzwerkes können dann direkt mit den Entscheidungen zur Produktion, zum Vertrieb oder dem Marketing koordiniert werden. Zur Zeit ist diese hierarchische Aufwertung des Einkaufs im Großteil der Unternehmen noch keine Selbstverständlichkeit.

c. Zu den Gliederungsprinzipien der Organisation

Frage 3-6: Wie kann eine Einkaufsorganisation weiter gegliedert werden?

Antwort 3-6: Die Organisation des Einkaufs kann grundsätzlich nach verschiedenen Kriterien gegliedert werden. Vorrangig ist eine Gliederung nach Beschaffungsobjekten (Materialgruppen). Denkbar ist auch eine Gliederung nach Lieferanten, nach Ländern oder nach Bedarfsträgern. (i) Eine Einteilung der Einkäufer nach **Materialgruppen** ist durch das notwendige spezifische Know-how der jeweiligen Materialen begründet. (ii) Haben **Lieferanten** besondere Spezifika (Prozesse, Bedeutung, Form der Zusammenarbeit), so bietet sich diese Form an. (iii) **Länderspezifische** Besonderheiten können in der Sprache, der Kultur, der Gesetze oder der Geschäftsprozesse (z.B. im Auftragszyklus) bestehen und damit die Organisation nach Ländern begründen. (iv) Bedarfsträger können beispielsweise neue **Projekte** oder Produkte sein, deren jeweilige Besonderheiten und Unterschiedlichkeiten diese Form der Organisation begründen.

d. Zur Sekundärorganisation

Frage 3-7: Warum ist der Einkauf häufig in eine Sekundärorganisation eingebunden?

Antwort 3-7: Als Beispiele für Sekundärorganisationen sind Projekte zu neuen Geschäftsmodellen oder Formen der ressortübergreifenden Koordination zu nennen. Der Einkauf mit einer sehr hohen Einkaufstiefe ist die Schnittstelle zwischen dem Lieferantennetzwerk und dem eigenen Unternehmen. Damit steht der Einkauf in allen grundsätzlichen Fragen der Neugestaltung des Geschäftsmodells als notwendiger und zentraler Akteur für Sekundärorganisationen im Mittelpunkt.

e. Zur Qualifikation der Einkäufer

Frage 3-8: Warum ist die Qualifikation der Einkäufer eine derartige Herausforderung?

Antwort 3-8: Die steigende Bedeutung des Einkaufs und die zunehmenden Herausforderungen in der Einkaufsorganisation begründen eine deutlich höhere Qualifikation der Einkäufer. Diese Qualifikation bezieht sich auf die fachlichen, die methodischen, die sozialen und die persönlichen Kompetenzen. Dieses breite Spektrum an Kompetenzen lässt sich häufig nicht in einer Person bündeln, sondern wird in sog. **cross-funktionalen Teams** abgebildet. Dabei sind die jeweiligen Experten, z.B. Fachexperten des Produkts, der jeweiligen Bauteile, der Qualitätssicherung, der Logistik, der Vertragsgestaltung oder der (digitalen) Prozessgestaltung, in einem Einkaufsteam vereint, um diese komplexe Aufgabe im Sinne des Unternehmens zu bewältigen.

f. Mögliche Klausurfragen

Aufgabe a: Ein divisionales Unternehmen plant seine bisherige zentrale Einkaufsorganisation (funktionale Gliederung) in eine dezentrale (divisionale) Organisation zu ändern.

(i)   Erläutern Sie die Gründe dieses Wechsels.

(ii) Welche Vorteile kann das Unternehmen hierdurch erzielen?

(iii) Wie können mögliche Nachteile dieser Umorganisation ausgeglichen werden?

Aufgabe b: Im Jahre 2010 verkündeten BMW und Daimler eine Einkaufskooperation für die Beschaffung in China ab 2012. Die Überschriften der Tagespresse thematisierten die massiven Kosteneinsparungen dieser Kooperation.

(i) Erläutern Sie die Motive (strategischen Vorteile) von BMW, mit dem Partner eine Kooperation einzugehen bzw. eingehen zu wollen.

(ii) Welche Konsequenzen hat die „BMW-Daimler"-Kooperation für beide Unternehmen, wenn das angestrebte hohe Kosteneinsparziel erreicht werden soll? (Annahme: der gemeinsame Einkauf wird über ein Joint Venture abgewickelt).

(iii) Erläutern Sie die strategischen Nachteile einer solchen Kooperation.

4. Übungsfragen zum Materialmanagement

a. Zur Übersicht der Aufgaben

Frage 4-1: Welchen Aufgaben hat der Einkauf im Materialmanagement zu bearbeiten?

Antwort 4-1: Im Kern behandelt die Materialwirtschaft vier Aufgabenbereiche: (1) Welche Teile der Lieferkette eines Unternehmens sind fremd zu beziehen? (2) Welchen Wert weisen diese Komponenten innerhalb eines Unternehmens auf? (3) Wann sind wieviel Stück eines Gutes zu beschaffen? (4) Wie ist die Beschaffungslogistik auszugestalten?

b. Zum Outsourcing als Entscheidungsproblem

Frage 4-2: Welche Unterstützung bietet die Transaktionskostentheorie zur Entscheidung des Outsourcings?

Antwort 4-2: Mit der zentralen Frage des Outsourcings wird die Einkaufstiefe bzw. die Fertigungstiefe festgelegt (siehe Frage 1-4). Die **Einkaufstiefe** ist definiert als das Verhältnis der Kosten der beschafften Güter an den gesamten Kosten des Produktes. Die **Fertigungstiefe** ist definiert als das Verhältnis der eigenen Wertschöpfung an den gesamten Kosten eines Produktes eines Unternehmens. Die Summe der Einkaufs- und der Fertigungstiefe (jeweils in Prozent) ergibt für ein Unternehmen jeweils 100 %.

Die Entscheidung zum Outsourcing/ Insourcing, auch als „make-or-buy" (MoB) bzw. als Eigenfertigung oder Fremdbezug bezeichnet, ist in der Literatur von Coase (1937) und Williamson (1975) mit der **Transaktionskostentheorie** schon sehr früh thematisiert worden. Sie haben mit dieser Theorie diese wesentliche unternehmerische Entscheidung sehr grundsätzlich behandelt und sie bezeichnen die interne Fertigung als Hierarchie und den Fremdbezug als Markt. Coase und Williamson haben hiermit deutlich gemacht, dass die Organisation des Fremdbezugs nicht frei von Kosten ist, sondern auch Kosten, die sogenannten **Transaktionskosten**, verursacht. Diese umfassen die Kosten der Suche neuer Lieferanten, der Vorbereitung des Vertragsabschlusses und deren Nacharbeiten.

Der Kern der Transaktionskostentheorie ist dann ein Vergleich der internen Kosten (internal cost, IC), der externen Beschaffungspreisen (external price, EP) und der Transaktionskosten (transaction cost, TC). Die Entscheidungsregel zum Fremdbezug bzw. zur Eigenerstellung lautet (z.B. bei Jarillo, 1988, S. 35):

(1) Eigenfertigung ist vorteilhaft, wenn $EP + TC > IC$

(2) Fremdbezug ist vorteilhaft, wenn $EP + TC < IC$

Frage 4-3: Welche Erweiterung der Entscheidungsunterstützung haben Jarillo und Ouchi hierzu vorgenommen?

Antwort 4-3: Sie haben die beiden Koordinationsmechanismen Markt (buy) und Hierarchie (make) um Clans (bei Ouchi) und um strategische Netzwerke (bei Jarillo) erweitert. In **Clans** bestehen langfristige Beziehungen auf der Grundlage gemeinsamer Wertvorstellungen und Überzeugungen, die vertragliche Beziehungen und explizite Kontrollaufwendungen nicht erfordern. Das **strategische Netzwerk** hingegen wird durch eine ‚hub firm' gesteuert, welche mit den einzelnen Partnern des Netzwerkes längerfristige Vertragsbeziehungen aushandelt und vereinbart. Sie erweitern die Diskussion des reinen Kostenvergleichs aufgrund vertraglicher Regelungen um die Möglichkeit der Gewinnsteigerung durch Koordination. Insbesondere die Arbeiten zu den strategischen Netzwerken und den Clans sollen deutlich machen, dass hier zwei Koordinationsmechanismen vorliegen, die reduzierte Transaktionskosten aufweisen. Damit können auch in komplexen Situationen Transaktionen kostengünstig organisiert werden.

Als **Beispiele** für Clans können das japanische Keiretsu (in Japan eine Form von wirtschaftlich verbundenen Unternehmen), das koreanische Chaebol (eine Form der Steuerung von Konglomeraten in Süd-Korea durch Familien) oder Lokale Cluster genannt werden. Als Beispiele für strategische Netzwerke können Automobilcluster herangezogen werden. Insgesamt werden durch diese Ansätze, die Arbeitsteiligkeit in der Lieferkette, deren erleichterte Koordination und damit die bevorzugte Entscheidung zum Outsourcing begründet.

c. Zu den Beständen als Entscheidungsproblem

Frage 4-4: Welche Funktion hat die Lagerhaltung?

Antwort 4-4: Bestände sind in allen Stufen der Lieferkette vorzufinden und liegen in Form von Rohstoffen, Hilfsstoffen, Betriebsstoffen und unfertigen bzw. fertigen Erzeugnissen vor. Bestände werden trotz bestehender Lagerhaltungskosten aufgebaut, weil sie nutzenstiftende Funktionen haben. Folgende sechs Funktionen sind zu nennen:

(1) **Versorgung**sfunktion: Bestände sichern die Bedarfserfüllung ohne zusätzliche Produktion. Als ein Beispiel ist der Warenbestand im Einzelhandel (Verkaufsregal) zu nennen.

(2) **Lieferzeitverkürzung**sfunktion: Bestände sichern die sofortige Auslieferung und damit kurze Lieferzeiten. Als ein zeitkritisches Beispiel ist der Arzneibestand bei Apotheken zu nennen.

(3) **Puffer**funktion (Auffangfunktion): Bestände entstehen als zeitliche Zwischenpuffer aufgrund einer kosteneffizienten Produktion. Als ein Beispiel ist der Erntebestand von Getreide zu nennen. Deren Weiterverarbeitung erfolgt dann zeitversetzt.

(4) **Postponement**funktion: Bestände werden zwecks der auftragsbezogenen Entscheidung zur Weiterverarbeitung zurückgehalten. Als ein Beispiel ist das Zentrallager zu nennen. Die weitere Verteilung der Güter im Absatzgebiet erfolgt erst auftragsbezogen.

(5) **Spekulation**sfunktion: Bestände können mit der Zeit an Wert gewinnen. Als Beispiele sind Aktien oder Wertgegenstände wie Gold oder Gemälde zu nennen.

(6) **Reife**funktion: Bestände verändern die physikalisch-chemisch-funktionalen Eigenschaften. Als Beispiele sind Lebensmittel wie Rotwein oder Käse zu nennen.

In einer spezifischen Situation kann ein Bestand auch mehrere Funktionen erfüllen.

i. Zu den Beständen als Wert

Frage 4-5: Welche beiden Größen haben Einfluss auf die Kapital-bindungskosten?

Antwort 4-5: Das Vorhalten von Beständen im Zeitablauf verursacht Kapitalbindungskosten. Diese ergeben sich aus der **Dauer** der Lagerhaltung (und damit der Bindung des Kapitals) und einem **Kapitalkostensatz** für jedes beschaffte Gut.

Die Kapitalbindung beginnt mit dem Zeitpunkt, in dem die einzelnen beschafften Güter bei den Lieferanten bezahlt werden. Die Kapitalbindung endet mit dem Zeitpunkt, in dem die eingesetzten beschafften Güter als Teil des Endproduktes des Unternehmens an einen Kunden verkauft und dieser die Rechnung begleicht. Die Zeit der Kapitalbindung umfasst damit den Zeitraum ab dem Zahlungszeitpunkt an den Lieferanten, während einer eventuellen Lagerzeit vor der Produktion, während der Produktion, während einer eventuellen Lagerzeit nach der Produktion bis zum Zeitpunkt des Begleichens der Kundenrechnung.

Die Bewertung der beschafften Güter ergibt sich aus dem Einkaufspreis (Bruttoeinkaufspreis abzüglich direkter Rabatte) zuzüglich der direkten Warenbezugskosten (zum Beispiel Kosten für den Transport, Versicherung und Zoll).

Frage 4-6: Welche Maßnahmen reduzieren die Kapitalbindung?

Antwort 4-6: Die Kapitalbindungskosten können nun im Materialmanagement durch gezielte Maßnahmen auf die oben genannten Größen beeinflusst (hier: reduziert) werden. Es können grundsätzlich drei Maßnahmen unterschieden werden:

(1) Durch Maßnahmen eines späteren Beginns der Kapitalbindung, z.B. durch verspätete Zahlung an Lieferanten, einer beschleunigten Bereitstellung für die Fertigung und/ oder eines beschleunigten Flusses durch die eigene Produktion.

(2) Durch Maßnahmen zur Reduzierung des Kostensatzes, z. B. durch einen geringeren Einkaufspreis oder geringere Kosten des Handlings der Güter.

(3) Durch Maßnahmen der beschleunigten Zahlung der Kunden, z.B. durch verkürzte realisierte Zahlungsfristen oder beschleunigte Zurverfügungstellung beim Kunden.

Frage 4-7: Welche Zielkonflikte bestehen bei einer Senkung der Kapitalbindungskosten?

Antwort 4-7: Die Minimierung der Kapitalbindung führt an anderen Stellen zu Nachteilen. Drei typische Zielkonflikte sind zu nennen:

(1) Kapitalbindungskosten versus **Versorgungssicherheit**: Eine Reduzierung der Kapitalbindungskosten durch geringere Bestände im Lager führt zu einer Einschränkung der Versorgungssicherheit. Erfolgt die Senkung der Kapitalbindungskosten z.B. durch Zentralisierung der Lagerhaltung oder Beschaffung der Güter in Fernost, so hat dies einschränkende Wirkungen auf die Sicherheit oder Schnelligkeit der Versorgung.

Der Einsatz von Luftfracht könnte zwar die Versorgungssicherheit wieder verbessern, doch dies steht im Zielkonflikt zu den Transportkosten.

Hinweis: Durch eine Einführung einer Just-in-Time Nachschubsteuerung können die Kapitalbindungskosten und die Versorgungssicherheit glcichcrmaßen verbessert werden.

(2) Kapitalbindungskosten versus **Produktvielfalt**: Mit steigender Produktvielfalt (mehr Varianten) ist von einer zunehmenden Unsicherheit der Bedarfsprognose je Variante auszugehen. Eine Sicherstellung der Lieferfähigkeit für alle Varianten ist dann nur mit höheren Sicherheitsbeständen, d.h. höheren Kapitalbindungskosten, möglich.

(3) Kapitalbindungskosten versus **Transportkosten**: Eine Beschleunigung der Prozesse von der Beschaffung in die Produktion und zum Kunden reduziert die Dauer der Kapitalbindung. Damit werden allerdings Möglichkeiten der Konsolidierung von Transporten eingeschränkt und höhere Transpostkosten sind die Folge.

ii.   Zur Mengenplanung

Frage 4-8: Was sind die Prämissen, die Lösungswege und die Erkenntnisse der optimalen Bestellmenge von Andler?

Antwort 4-8: Die Bestimmung der optimalen Bestellmenge anhand der Andler'schen Bestellmengenformel ist ein Klassiker der Materialwirtschaft. Hierbei wird das Ziel der Minimierung der gesamten (durchschnittlichen) Bestellkosten angestrebt. Diese setzen sich aus der Summe der fixen und variablen Bestellkosten in Abhängigkeit der Bestellmenge zusammen. Die Berechnung basiert auf einer Reihe von **Annahmen**:

- Der periodische Verbrauch für die eigene Produktion ist bekannt und verläuft kontinuierlich.

- Die Wiederbeschaffungszeit beim Lieferanten ist gleich null.

- Der Einkaufspreis ist konstant.

- Der Zinssatz für die Kapitalkosten ist konstant.

- Es fallen fixe Kosten je Bestellung an.

- Es werden keine Fehlmengen und keine Mindestmengen betrachtet.

Die fixen Bestellkosten je Stück sinken asymptotisch mit steigender Bestellmenge. Die Lagerhaltungskosten hingegen steigen linear mit steigender Bestellmenge an. Die minimalen gesamten Bestellkosten und auch die minimalen durchschnittlichen Kosten des Einkaufs lassen sich grafisch und mathematisch ermitteln. Bei der **grafischen** Ermittlung ergibt sich die optimale Bestellmenge aus dem Schnittpunkt des Graphen der Lagerhaltungskosten mit dem Graphen der fixen Bestellkosten.

Die **mathematische** Ermittlung ergibt die Formel der bekannten optimalen Bestellmengen (X_{opt}) mit der Wurzel aus 200 multipliziert mit dem Jahresbedarf (Q) multipliziert mit den bestellfixen Kosten (Kb) dividiert durch die Kapitalbindungskosten (Produkt aus Preis (P) multipliziert mit dem Lagerzinssatz (Z)).

$$X_{opt} = \sqrt{\frac{200 \cdot Q \cdot Kb}{(P \cdot Z)}}$$

Die optimale Bestellhäufigkeit (h_{opt}) ergibt sich aus der Division des Jahresbedarfs (Q) durch die optimale Bestellmenge (X_{opt}):

$$h_{opt} = \frac{Q}{X_{opt}}$$

Der graphische Verlauf der Gesamtkosten zeigt, dass bei einer **höheren** als der optimalen Bestellmenge die Gesamtkosten nur relativ flach ansteigen und bei einer **geringeren** als der optimalen Bestellmenge die Gesamtkosten relativ stark ansteigen. Insofern ist eine Erhöhung der Bestellmenge in der praktischen Umsetzung mit geringeren Kostenkonsequenzen verbunden als bei deren Reduzierung.

Die **Beurteilung** der Andler'schen Bestellmengenformel für den praktischen Einsatz lässt sich an den Prämissen festmachen. So werden beispielsweise Nachfrageunsicherheiten, bestellmengenabhängige Preise (Mengenrabatte), Anforderungen an die Versorgungssicherheit bei schwankender Nachfrage oder Auslastungen der Behälter bzw. der Transportmittel bei Andler nicht abgebildet.

Frage 4-9: Welche Weiterentwicklungen der Andler'schen Bestellmenge sind vorgenommen worden?

Antwort 4-9: Weiterentwicklungen der optimalen Bestellmenge sind in mehrfacher Hinsicht vorgenommen worden. Zwei Formen haben in der Praxis eine hohe Bedeutung erlangt. Es wird hierbei das Erreichens einer kritischen Bestandssituation (bedarfsbezogen) oder eines Zeitpunktes (terminbezogen) als Ausgangspunkt gewählt:

- Die **bedarfsbezogene** Bestellauslösung: Für den Fall schwankender Produktionsmengen kann der Bedarfszeitpunkt nicht durch die oben genannte statische Vorgehensweise bestimmt werden. In diesem Fall erfolgt eine Bestellauslösung, wenn eine kritische Bestandsgröße (s) erreicht ist. Diese Variante kann bei einer sicheren (und schnellen) Versorgungsquelle gewählt werden.

- Die **terminbezogene** Bestellauslösung: In regelmäßigen Terminschritten erfolgt eine Überprüfung des Lagerbestandes und in Abhängigkeit hierzu wird eine Bestellung ausgelöst. Diese Variante kann bei relativ hohen Transportkosten oder bei langen Beschaffungszeiten gewählt werden.

Frage 4-10: Wie wird die Bestellmenge bei einer KANBAN Nachschubsteuerung ermittelt?

Antwort 4-10: Da jede Karte genau einem Behälter (Verpackungseinheit der Güter) entspricht, ist die Bestellmenge die Anzahl der Karten bzw. Behältereinheiten. Die Anzahl der Kanban-Karten im System ergibt sich aus der Produktionsmenge in der Wiederbeschaffungszeit (durchschnittliche Nachfrage pro Tag multipliziert mit der Wiederbeschaffungszeit in Tagen) und dividiert durch die Stückzahl pro Behälter.

Beträgt die durchschnittliche Nachfrage pro Tag 100 Stück, die Wiederbeschaffungszeit vier Tage und die Stückzahl pro Behälter 50 Stück, so wären insgesamt 8 (=100*4/50) Kanbankarten notwendig. Es kann über eine mögliche statistische Unsicherheit ein zusätzlicher Sicherheitsbestand notwendig werden.

iii.   Zu den strategischen Aspekten der Materialwirtschaft

Frage 4-11: Welche strategischen Aspekte sind bei der Mengenermittlung zu berücksichtigen?

Antwort 4-11: Hier sind (i) die Verfügbarkeiten, (ii) die Konstruktion der Bauteile und (iii) die gesetzlichen/ ethischen Anforderungen zu nennen.

Die **Verfügbarkeit** von Materialien oder Rohstoffen wird den oben genannten Planungen unterstellt. Dies ist jedoch aus verschiedenen Gründen nicht immer gegeben. So kann Material, insbesondere bestimmte Rohstoffe, knapp werden oder zeitlich nicht verfügbar sein. Als Beispiele sind mineralische Rohstoffe für die Batterieproduktion von Autos oder Benzin nach dem Niedrigwasser im Rhein zu nennen.

Mit der **Konstruktion** der Bauteile wird die Stückliste und damit auch die Anforderungen an die Lieferanten festgelegt. Diese bilden Eckdaten für die Materialwirtschaft des Einkaufs. Dem Einkauf eröffnen sich durch eine frühzeitige Einbeziehung, durch neue Materialien oder durch neue konstruktive Alternativen weitere Möglichkeiten der Beschaffung und damit (möglicherweise) verbesserte Beschaffungsentscheidungen.

Die Organisation der Lieferkette erfolgt heute nicht nur im Rahmen von Lieferservice und Kosten. Eine Vielzahl **ethischer** Anforderungen ist im Laufe der Zeit als gesetzliche Grundlage manifestiert worden und für den Einkauf im Rahmen des Compliance verbindlich. Der UN Global Compact dient hierbei für die Branchenverbände weltweit als Grundlage deren Corporate Social Responsibility (CSR). Als verbindliche gesetzliche Beispiele sind der UK Modern Slavery Act oder der Dodd-Frank Act (§ 1502) zu nennen (siehe hierzu auch Kapitel 6).

d. Mögliche Klausurfragen

Aufgabe a: Nennen Sie die Funktionen der Lagerhaltung und geben Sie jeweils ein Beispiel.

Aufgabe b: Die Einkaufsleitung eines Unternehmens plant, die Kapitalbindung der Beschaffungsgüter zu senken.

Nennen und erläutern Sie acht Maßnahmen, um dieses Ziel zu erreichen. Inwiefern ist hierzu auch eine Abstimmung mit der Produktions- und Vertriebsleitung notwendig?

Aufgabe c: Erläutern Sie die Prämissen und die Bestimmung der optimalen Bestellmenge (Andler' sche Formel). Welche Grenzen hat diese Formel bei der praktischen Umsetzung in Unternehmen? In welchen Zusammenhang stehen die Bestellhäufigkeit und die Bestellmenge?

5. Übungsfragen zum Lieferantenmanagement

a. Zu den Aufgaben des Lieferantenmanagements

Frage 5-1: Welche drei Aufgaben umfasst das strategische Lieferantenmanagement und in welcher Beziehung stehen diese zueinander?

Antwort 5-1: Zu den Aufgaben des **strategischen Lieferantenmanagements** zählen das Management der Lieferantenstruktur, das Management der Lieferantenbeziehungen und die Lieferantenbewertung. (i) Das Management der **Lieferantenstruktur** legt die Zusammensetzung des Lieferantenstamms fest. (ii) Das Management der **Lieferantenbeziehungen** legt die grundsätzliche Art und Weise der Zusammenarbeit fest. Lieferantenbeziehungen sind gestaltbar und diese Gestaltung sollte sich an den Zielen des Unternehmens orientieren. (iii) Die **Lieferantenbewertung** wird hier als separater Punkt herausgestellt, auch wenn dies nur einen Ausschnitt mit einer fokussierten Managementaufgabe darstellt. Diese drei Themenfelder sind interdependent: Das Management der Lieferantenstruktur basiert auf der Lieferantenbewertung. Zudem beeinflusst die Lieferantenbewertung die Lieferantenbeziehung. Und es dürfte unbestritten sein, dass auch die Lieferantenstruktur Einfluss auf die Lieferantenbeziehungen hat.

b. Zur Bildung der Lieferantenstruktur

Frage 5-2: Welche Teilschritte sind für die Bildung der Lieferantenstruktur notwendig?

Antwort 5-2: Das Management der Lieferantenstruktur (synonym: Lieferantenportfolio, Lieferantenstamm) lässt sich anhand der Prozessschritte darstellen. Es sind insgesamt vier Schritte notwendig: die Lieferantensuche (Identifikation), die Lieferantenanalyse, die Lieferantenbewertung (Neubewertung) und die Lieferantenauswahl (Entscheidung des Portfolios). (i) Der Einkauf hat nun konkrete Schritte einzuleiten, um eine **Suche** anzustoßen und eine erste „lange" Lieferantenliste zu erstellen: die Entscheidung zur Notwendigkeit neuer Lieferanten, die Vorbereitung zur Suche neuer

Lieferanten, die Einzeltätigkeiten der Suche, das Erstgespräch mit den potentiellen Lieferanten und die Vereinbarungen beim Erstgespräch. (ii) Der Schritt der **Lieferantenanalyse** beschreibt die Gewinnung von Informationen zu den Lieferanten. Diese Informationsquellen sind vielfältig (Messen, Datenbanken, Firmenbesuche) und können auch vielfältig genutzt werden. (iii) Die Kriterien des Einkaufs zur **Bewertung** der Lieferanten basieren auf der Wertschöpfung des einkaufenden Unternehmens und dem Beitrag, den die Lieferanten für die Unternehmenswertschöpfung leisten sollen. In dem konkreten Schritt der Lieferantenbewertung werden nun die Lieferanten in eine ordinale Rangfolge hinsichtlich der Beurteilungskriterien gebracht. Im einfachsten Fall ist diese Rangfolge widerspruchsfrei hinsichtlich aller Kriterien. Jedoch können für sämtliche Kriterien widersprüchliche Reihenfolgen entstehen. Beispielsweise ist für das Kriterium ‚Lieferzeit' das Unternehmen A besser geeignet als das Unternehmen B. Andererseits ist für das Kriterium ‚langfristige Kostenentwicklung' das Unternehmen B besser geeignet als das Unternehmen A. In diesen Fällen hat der Einkauf diesen Zielkonflikt durch eine Priorisierung der Entscheidung aufzulösen.

(iv) In der betriebswirtschaftlichen Literatur sind folgende drei Lieferantenstrukturen sehr breit diskutiert worden: Single oder Multiple Sourcing, Traditional oder Modular Sourcing und Local oder Global Sourcing.

Frage 5-3: Welche Vorteile hat der Einkauf durch ein Single Sourcing?

Antwort 5-3: Die Entscheidung zum Single oder Multiple Sourcing bezieht sich auf die Anzahl der Lieferanten je Beschaffungsobjekt. Beim Single Sourcing erfolgt der Bezug eines Beschaffungsobjektes nur von einem Lieferanten. Die Vorteile dieser Lieferantenstruktur für eine Materialgruppe liegen in der besseren Abstimmung des Lieferanten mit dem einkaufenden Unternehmen. Im Einzelnen sind zu nennen: geringere Transaktionskosten, zuverlässigere Qualität, höhere Bestellmengen und dadurch höhere Kapazitätsauslastung in der Fertigung und der Logistik, geringere Kapitalbindungskosten durch geringere Bestände und insgesamt geringere durchschnittliche Einkaufskosten je Stück.

Frage 5-4: Welche Vorteile hat der Einkauf durch ein Multiple Sourcing?

Antwort 5-4: Der Wechsel der Beschaffung von einem zu mehreren Lieferanten ist der zentrale Ansatzpunkt des Multiple Sourcing. Dies kommt insbesondere bei Lieferengpässen, bei Störungen bzw. Unterbrechungen der Lieferkette bei einzelnen Lieferanten und bei unterschiedlichen Faktorpreisen der Lieferanten zum Tragen. Dadurch sind eine höhere Versorgungssicherheit und ein geringeres Versorgungsrisiko zu erzielen. Dem steht ein erhöhter Koordinations- und Planungsaufwand entgegen.

Frage 5-5: Welche Vorteile hat der Einkauf durch ein Modular Sourcing?

Antwort 5-5: Der Wechsel vom Traditional Sourcing zum Modular Sourcing verändert die Beschaffungsobjekte. Beim Modular Sourcing wird die einzelne Beschaffungskomponente (Modul) als Ganzes von einem Komponentenlieferanten bezogen, der seinerseits die Beschaffung und Montage der einzelnen Bestandteile des Moduls koordiniert und vollzieht. Der Einkauf nutzt hierdurch die Vorteile des geringeren Einkaufs- und Produktionsaufwandes zur Montage der einzelnen Bestandteile der Komponente und die erleichterte Koordination mit nur einem Komponentenlieferanten. Dabei werden nicht nur die Managementaufgaben delegiert, sondern auch der Kapitalbedarf reduziert, die Prozesse vereinfacht und die Chance einer erhöhten Innovationsleistung eröffnet.

Die Form des Modular Sourcing ist im Automobilbau (z.B. für die Module Armaturenbrett oder Sitz) weit verbreitet.

Frage 5-6: Welche Vorteile hat der Einkauf durch ein Global Sourcing?

Antwort 5-6: Das Global Sourcing ist mit dem Öffnen der Weltmärkte nach 1990 populär geworden. Die Entwicklung der Exporte und der Importe haben sich nicht nur auf die Fertigprodukte für die Endkonsumenten bezogen, sondern auch auf die Module und Einzelteile der Endprodukte.

Die Entscheidung zum Local oder Global Sourcing bezieht sich auf die Orte der Lieferanten. Zu unterscheiden sind hier die Orte der Verwaltungsaktivitäten, die Orte der Entwicklungsaktivitäten und die Orte der Produktionsaktivitäten der Lieferanten. Je nach Relevanz der Kriterien sind diese im Einzelfall heranzuziehen. Auch wenn diese keinen unmittelbaren Beitrag zur Wertschöpfung darstellen, so korrelieren doch bestimmte Merkmale der Wertschöpfung mit dem Ort der Lieferanten, d.h. mit den Rahmenbedingungen dieser Orte.

Die Entscheidung zum Global Sourcing ist im Wesentlichen durch die Kostenvorteile, speziell durch geringere Faktorkosten/ Lohnkosten, bestimmt. Hinzu kommen auch Kostenvorteile durch geringere Produktionskosten. Es kann zudem auf einem weltweiten Beschaffungsmarkt der schnellere Zugang zu Innovationen bzw. zum notwendigen Know-how erleichtert werden. So können zum dritten auch die sogenannten ‚Local Content' Vorschriften umgesetzt werden.

Für international operierende Unternehmen kann durch ein Global Sourcing der Zugang zu internationalen Absatzmärkten vorbereitet werden, indem Know-how zu den spezifischen Regularien und kulturellen Gegebenheiten eines Landes über die Beschaffung aufgebaut wird.

Frage 5-7: Mit welchen Herausforderungen ist der Einkauf beim Global Sourcing konfrontiert?

Antwort 5-7: Die globale Beschaffung hat im Gegensatz zur lokalen (bzw. zur nationalen oder zur europäischen) Beschaffung eine Reihe an Herausforderungen zu bewältigen. Offenkundig ist die Logistik über größere Entfernungen und Klimazonen zum Lieferanten zu organisieren. Zudem stellen unterschiedliche Kulturen, unterschiedliche Wirtschaftsbedingungen und unterschiedliche Währungen weitere Herausforderungen dar. Neben diesen sind weitere zu nennen:

- Landestypische Gepflogenheiten und Sprache
- Landesspezifische Risiken, Zollvorschriften/ Handelsvorschriften, Besonderheiten der Vertragsgestaltung
- Kenntnis der internationalen Qualitätsstandards

Trotz aller Nachteile ist der Trend zum Global Sourcing derzeit (noch) ungebrochen. Dies belegen die weiter steigenden Importrekorde, insbesondere für deutsche Unternehmen.

Frage 5-8: Welche Aufgaben sind beim Lieferantenaufbau zu meistern?

Antwort 5-8: Mit dem Abschluss der Phase 1 beginnt nun die Phase 2, d. h. die Zusammenarbeit zwischen Lieferanten und Einkauf. Hierbei werden für konkrete zu beschaffenden Güter Pflichtenhefte, technische Zeichnungen und Datenblätter ausgetauscht. Auf dieser Grundlage können nun **Angebotsmuster** erstellt werden. Zudem ist es möglich, Pflichtenhefte in Entwicklungspartnerschaften auch gemeinsam zu erstellen. Vereinbarte Audits zum Produktionssystem, zum Produktionsprozess oder zum Produkt können nun durchgeführt werden. Ferner sind grundsätzliche Regelungen zu treffen hinsichtlich der Materialbereitstellungsprinzipien, der Wahl von Transportdienstleistern und der Modi der Rechnungsbegleichung.

In dieser Phase findet auch der Aufbau **sozialer** Beziehungen statt. Die beteiligten Personen, die die Interessen ihres Unternehmens vertreten, lernen sich gegenseitig kennen und lernen, dass dabei zwangsläufig auch Interessenskonflikte entstehen. Auch die unterschiedlichen Führungsstile der handelnden Personen auf der Vertriebs- und Einkaufsseite werden deutlich.

In dieser Phase finden auch die Klärungen auf der **rechtlichen** Ebene statt. So kann vereinbart werden, ob die Beschaffungsaufträge einzeln vertraglich geregelt werden oder ob jährliche Rahmenverträge oder unbefristete Basisverträge die Grundlage der Zusammenarbeit bilden. Diese Aspekte münden in Vereinbarungen, z. B. den Allgemeinen Vertragsbedingungen.

Frage 5-9: Welche Aufgaben sind bei der Lieferantenentwicklung (z.B. Lieferantenförderung) zu meistern?

Antwort 5-9: In dieser Phase beginnt die Entwicklung der Zusammenarbeit mit den Lieferanten. Die konkreten Aufträge werden erstellt, von den Lieferanten ausgeliefert und vom Einkauf bezahlt. Hierbei können dann langfristige oder perspektivische Aufträge eingeleitet werden und die konkrete Ausgestaltung der langfristigen Zusammenarbeit (Investitionen, Verteilung von Zusatzgewinnen) erörtert werden. Anzutreffen sind auch konkrete Maßnahmen, um Lieferanten gezielt zu fördern. Dies kann die

Beratung für eine spezielle Fragestellung bei Lieferanten sein (zum Beispiel eine Prozessberatung) oder das Entsenden von Spezialisten auf Zeit oder die Gewährung von Investitionshilfen.

Wichtig hierbei ist, dass die Verpflichtungen gegenüber den Lieferanten aus Sicht des einkaufenden Unternehmens eingehalten werden. Ebenso wichtig ist, dass auch die Verpflichtungen der Lieferanten eingehalten werden. Die Toleranzen bei seltenen oder geringfügigen Abweichungen sollten festgestellt und die Konsequenzen hieraus besprochen werden. So können auf Lieferantentagen unter anderem auch diese Verhaltensweisen konkret erörtert werden. In letzter Zeit ist das Ausloben von Lieferantenawards zu beobachten. Damit macht der Einkauf deutlich, welchen hervorgehobenen Stellenwert der Lieferant für das einkaufende Unternehmen hat und bestätigt damit die besondere Qualität der Lieferantenbeziehung. Auch dies ist ein Mittel der Lieferantenförderung.

Frage 5-10: Welche Aufgaben sind bei der Lieferantensteuerung zu meistern?

Antwort 5-10: In dieser Phase wird durch das Verhalten des Einkaufs der Lieferant direkt oder indirekt gesteuert. So können mit klaren **Rückkopplungen** des Einkaufs bezüglich der Leistungen, der angebotenen Preise bzw. der Lieferfähigkeit die Prozesse bei den Lieferanten beeinflusst und gesteuert werden. Dies ist auch durch die Aussprache konkreter Zielsetzungen an die Lieferanten möglich, sofern sich die Ziele innerhalb von Rahmenvereinbarungen bewegen. Somit kann durch Lieferantensteuerung eine Weiterentwicklung des kompletten Lieferantennetzwerkes erfolgen, ohne dass bestehende Lieferantenbeziehungen beendet und neue Lieferanten gesucht werden müssen.

Ansonsten erfolgt ein vereinbartes Routinegeschäft zwischen Lieferanten und Einkauf: Aufträge, Bestellübermittlungen, Terminverfolgung, Auftragsbearbeitung, Warenübergabe und Rechnungsbegleichung.

Die Steuerung der Lieferantenbeziehung setzt eine bewusste Bewertung der Interaktion zwischen Einkauf und Lieferant voraus (**Kontrolle** der Lieferbeziehung). Diese Kontrolle geschieht nicht aus Selbstzweck, sondern sie ist Teil der Führungsleistung des Einkaufs: Auf der einen Seite ist der Leistungsstatus jedes Lieferanten regelmäßig zu überprüfen und vom Einkauf zu bewerten. Auf der anderen Seite wird der Risikostatus beurteilt.

Damit werden die Qualität und das Haftungsrisiko des einkaufenden Unternehmens betrachtet. Die Vielzahl der Rückrufaktionen (nicht nur im Automobilbereich) gibt ein aktuelles Beispiel für den derzeitigen Umfang von Qualitätsmängeln und Haftungsdiskussionen in Lieferketten.

Neben den qualitativen Kontrollen der Lieferantenbeziehung sind auch Kontrollen (Überprüfungen) zu den sozialen Beziehungen zu den Lieferanten notwendig. Stimmt die Chemie zwischen den Geschäftspartnern nicht, so wird langfristig auch das Warengeschäft in Mitleidenschaft gezogen. Die Kontrolle der sozialen Beziehungen sollte von Seiten des Einkaufs aus einem Eigeninteresse heraus genauso intensiv durchgeführt werden wie die Kontrolle der Lieferungen und der Lieferanten.

Die angesprochenen Kontrollschritte erfordern unabhängig vom Gegenstand der Kontrolle ein **Zeit-** und ein **Kostenbudget**. Sie erfordern zudem klare Kriterien der Bewertung, die anhand von Sollwerten oder periodischen Entwicklungen verglichen werden können. Sie erfordert ferner, dass die Ergebnisse der Kontrolle dokumentiert und den Lieferanten präsentiert werden, damit aus den Ergebnissen der Kontrolle eine Rückkopplung und eine Verbesserung erfolgen kann. Bei fehlender Glaubwürdigkeit der Kontrollergebnisse ist diese im Sinne der Rückkopplungsschleife durch geeignete Maßnahmen herzustellen. Dies kann durch gemeinsam oder unabhängig durchgeführte Kontrollen (externe Auditoren) gewährleistet werden. Das Ziel der Lieferantensteuerung sollte eine Verbesserung der Zusammenarbeit sein und nicht die Begründung des Beendens der Lieferantenbeziehung. Letzteres ist trotzdem manchmal unvermeidlich.

Exkurs: Supplier Awards

Frage 5-11: Welche Rolle spielen Supplier Awards im Lieferantenmanagement?

Antwort 5-11: Unternehmen bzw. Einkaufsorganisationen nehmen im Rahmen der Lieferantenbeurteilung nicht nur Kontrollbewertungen vor, sondern nutzen dieses Instrument auch zur Motivation der Lieferanten und zur Bindung der Lieferanten an das eigene Unternehmen. Sie loben hierbei die besten Lieferanten für verschiedene Sparten aus und vergeben jährlich sogenannte ‚Supplier Awards'. Diese werden dann selbstverständlich öffentlichkeitswirksam im Rahmen einer Festveranstaltung überreicht und bringen zum Ausdruck, dass der Preisträger (Lieferant) hinsichtlich dieses Kriteriums der beste Lieferant des einkaufenden Unternehmens ist. Damit wird die soziale Bindung gestärkt und die inhaltliche Qualität der Lieferantenleistungen öffentlich bestätigt. Dies ist zugleich auch ein Ansporn für die Nicht-Preisträger, die Leistungsfähigkeit zu verbessern und in den Kreis der Preisträger aufzurücken. Die Berichterstattung der Branchenverbände und die Eingangshallen der Lieferanten zeigen durch Ausstellungen dann einer breiten Öffentlichkeit diese Prämierungen.

Als **Beispiele** für derartige Supplier Awards können der ‚Daimler Supplier Award', der ‚BMW Supplier Innovation Award' oder der ‚Volkswagen Group Award' genannt werden. Sie werden in der Regel jährlich verliehen.

Frage 5-12: Welche Aufgaben sind beim Beenden der Lieferantenbeziehung zu meistern?

Antwort 5-12: Die letzte Phase im Lebenszyklus der Lieferantenbeziehungen stellt das Beenden der Beziehung dar. Damit findet keine weitere Zusammenarbeit zwischen Lieferanten und Einkauf statt. Die **Gründe**, die diesen Abbruch begründen, sind vielfältiger Natur: die Insolvenz des Lieferanten, die Bereinigung der Lieferantenstruktur, das Vorhandensein besserer Lieferquellen oder ein negativer Beitrag des Lieferanten zum Erfolgspotenzial des Unternehmens. Ebenso kann ein schwerwiegendes Fehlverhalten des Lieferanten zum Abbruch der Beziehung führen.

So gibt es bei **Lieferantenmonopolen** allerdings Hindernisse, die einen Abbruch erschweren bzw. unmöglich machen. Markenhersteller sind in der Regel nicht zu substituieren. Dominierende Rohstofflieferanten oder Gebietsmonopole lassen dem einkaufenden Unternehmen in der Regel auch wenige alternative Bezugsquellen. Ferner kann die spezifische Leistungsfähigkeit eines Lieferanten (spezielle Produktionsfähigkeiten, die Innovationsfähigkeit oder spezielle Leistungsfähigkeiten von Mitarbeitern) auch einen Abbruch der Lieferantenbeziehungen erschweren bzw. unmöglich machen.

Sollten jedoch keine derartigen Hindernisse des Abbruchs bestehen und die Argumente des Abbruchs der Beziehung klar begründet sein, so gilt es aus Sicht des Einkaufs die Beendigung auch **im langfristigen Sinne vor-zunehmen**. Zunächst sind die bestehenden Verträge zu kündigen. Sollte ein Unternehmen oder eine Unternehmensgruppe mehrere Beziehungen zum Einkauf haben, so ist für jede bestehende Beziehung Klarheit zu schaffen. Die Kündigung sollte persönlich erläutert und begründet werden. Eine ergänzende schriftliche Kündigung eines unbefristeten Vertrages ist in der Regel aus juristischen Gründen notwendig. Die persönliche Erklärung erleichtert für die Zukunft die mögliche Wiederaufnahme der Lieferantenbeziehungen. Zudem gilt: „Man sieht sich im Leben immer zweimal". Beispielsweise kann der Einkauf durch spezifische Rahmenbedingungen oder Notsituationen (nach Umweltkatastrophen) genötigt sein, ehemalige Lieferanten zwecks Hilfestellung anzusprechen. Oder Mitarbeiter ehemaliger Lieferanten wechseln zu bestehenden Lieferanten und erinnern sich an einen missglückten Versuch der Beendigung einer Lieferantenbeziehung. Unabhängig davon sollten Regelungen zur Ersatzteilversorgung getroffen werden und die noch offenen Rechnungen sind auszugleichen.

c. Zu den Merkmalen der Lieferantenbeziehung

Frage 5-13: Welche Merkmale beschreiben eine Lieferantenbeziehung?

Antwort 5-13: Die Beziehung zwischen dem Einkauf und den Lieferanten lässt sich auf zweierlei Art beschreiben.

(i) Sie kann zunächst sehr **grundsätzlich** dargestellt werden: Erstens, es sind Lieferanten und Abnehmer aufeinander angewiesen, denn ohne Abnehmer würden Lieferanten nicht existieren und ohne Lieferanten würden die Abnehmer nicht herstellen können. Zweitens ist der Gewinn der beteiligten Parteien in der Lieferkette immer zu verteilen und damit immer mit Konflikten beladen. Aus diesem Grunde sind Verhandlungen zwischen Lieferanten und Einkäufern immer vor diesem Hintergrund zu beurteilen. Zudem gibt es drittens keine lebenslange Garantie der Zusammenarbeit zwischen Lieferanten und Abnehmer. Damit prägen grundsätzlich Unsicherheiten über die Zukunft diese Beziehung.

(ii) Die Beziehung zwischen dem Einkauf und den Lieferanten lässt sich auch anhand von vier **Beziehungsinhalten** verdeutlichen.

Die **wertbezogene** Beziehung stellt das Beschaffungsobjekt als Teil der Wertschöpfung in den Mittelpunkt der Diskussion, welche an den Zieldimensionen erfolgswirtschaftlicher Unternehmen beurteilt wird (zum Beispiel Kosten, Qualität, Zuverlässigkeit, Lieferservice). Diese Ebene bildet die Grundlage der übrigen drei Ebenen. Dies bedeutet jedoch nicht, dass die Lieferantenbeziehung nur aus einer Wertebene besteht.

Die **flussbezogene** Beziehung betrachtet die Prozesse zwischen den Lieferanten und dem einkaufenden Unternehmen. Die Logistikflüsse beinhalten die bestellten Güter an das einkaufende Unternehmen; die Finanzflüsse beinhalten die Rechnungsbegleichung an den Lieferanten und die Datenflüsse beinhalten den Nachrichten- und Informationsaustausch zwischen den Beteiligten.

Die **rechtliche** Beziehung klärt die Rechte und Pflichten der Beteiligten. Es beschreibt auch welche Beteiligten unter formalen Gesichtspunkten Abschlüsse zwischen Unternehmen tätigen dürfen. Zudem wird auch der Rechtsrahmen zwischen den Beteiligten festgelegt (zum Beispiel Einzel- bzw. Rahmenvertrag oder nationales bzw. internationales Kaufrecht).

Die **soziale** Beziehung beschreibt das individuelle oder das gruppenbezogene Verhalten der Beteiligten. Diese Verhaltensweisen können partnerschaftlich, konkurrierend oder kämpferisch ausgeprägt sein. Die Verhaltensweisen einer Gruppe können arbeitsteilig recht unterschiedlich sein, zum Beispiel durch einen ‚Bad Guy‘ und einen ‚Good Guy‘ in der Gesprächsführung. Diese sozialen Beziehungen sind in der Regel das Ergebnis eines **Prozesses**: Vor der persönlichen Erstkontaktaufnahme kennen sich beide Gesprächspartner in der Regel nicht. Das persönliche Vorstellen und die persönliche Erläuterung der Gründe der Kontaktaufnahme bedingen einen guten Start des Aufbaus einer Beziehung. Das Ziel sollte es sein, den grundsätzlichen Nutzen, den beide Parteien aus der Beziehung ziehen, deutlich zu machen. Durch Hinterfragen der jeweiligen Motive und spezifischen Herausforderungen des Gesprächspartners kann die Win-win-Situation allerdings klarer und für beide Seiten verständlicher erklärt werden. Es zeigt sich dann, inwieweit eine überwiegend kritische Diskussion mit

Einwänden oder eine überwiegend konstruktive Diskussion mit Hinterfragung das erste Gespräch bzw. die ersten Gespräche prägen. Gute Gesprächsführung fördert den Aufbau von sozialen Beziehungen. Diese garantieren nicht den Erfolg von Lieferantenbeziehungen, doch sie gestatten eine hohe Ausschöpfung der Möglichkeiten aus dieser Beziehung. Im Idealfall werden nach jedem Gespräch Folgeschritte besprochen und vereinbart.

Das Gewicht, das jeder Gesprächspartner in die Beziehung einbringt, lässt sich anhand der Skala der **Macht** beschreiben: In der traditionellen Blickrichtung ist der Kunde (sprich der Einkäufer) König, da er der Auftraggeber und der wertschöpfende (bewertende) Teil in der Beziehung ist. Auf der anderen Seite zeigen Beispiele (hier dominieren die Lieferanten), dass auch der Lieferant der König sein kann. Als Beispiele können Kartelle oder Monopollieferanten genannt werden. Ist die Macht zwischen den Beteiligten ausgeglichen, so finden die Verhandlungen unter gleich starken Partnern statt.

Exkurs: Kraljic-Portfolio als Konzept zur Klassifizierung der Macht

Frage 5-14: Wie klassifiziert das Konzept von Kraljic die Machtbeziehungen?

Antwort 5-14: Kraljic hat im Jahre 1983 aus einer Controlling- und Risikoperspektive heraus ein Portfolio konzipiert, mit dessen Hilfe die verschiedenen Beziehungen zwischen Lieferanten und Einkäufern kategorisiert werden können, um hierauf aufbauend dann effektive Handlungsstrategien zu entwickeln. Kraljic bezieht sich in seinem Beitrag zunächst auf die Bedeutung und das Risiko der Beschaffung von Gütern. In den folgenden Strategieempfehlungen wird sein Portfolio dann als Machtportfolio angewendet. Die vier Felder dieses Machtportfolios sind:

- Leverage: Dominanz des Einkaufs,

- Strategic: Gegenseitige Abhängigkeit von Einkauf und Lieferant,

- Bottleneck: Dominanz des Lieferanten und

- Non-Critical: Unabhängigkeit von Einkauf und Lieferant.

Die Dominanz ergründet sich aus verschiedenen Faktoren (am Beispiel der Einkäufermacht).

- Die Anzahl der Akteure bestimmt die Machtposition, d. h. wenige Einkäufer und viele Lieferanten: Lieferanten haben wenige Alternativen und die Einkäufer haben relativ viele Möglichkeiten, Lieferanten zu wählen.

- Die Höhe der Transaktionskosten für Einkäufer bestimmt die Machtposition: Die Wechselkosten zwischen den Lieferanten, die Kosten der Suche neuer Lieferanten und die Anbahnung der Lieferbeziehung zu neuen Lieferanten sind für den Einkäufer gering und er hat damit einfachere Möglichkeiten, Lieferanten zu wechseln.

- Der hohe Anteil der bezogenen Volumina beim Lieferanten bestimmt die Machtposition des Einkaufs, da der Lieferant im hohen Maße wirtschaftlich abhängig ist.

- Das standardisierte Angebot der Lieferanten und die geringe kundenspezielle Ausgestaltung der Produkte bestimmt die Machtposition, da es dem Einkäufer ermöglicht, einfacher neue Lieferanten zu finden.

Die Unabhängigkeit der beiden Parteien wird durch die jeweilige breite Auswahl und die geringen Wechsel-/ Transaktionskosten begründet. Bei der hohen Abhängigkeit der beiden Parteien hingegen sind beide Seiten aufeinander angewiesen: geringe Anzahl der Parteien, hohe Wechselkosten und hohe Transaktionskosten auf beiden Seiten. Die Einkaufs- und Verkaufsvolumina sind für beide Seiten bedeutsam.

Frage 5-15: Welche Aufgaben fallen für den Einkauf konkret an?

Antwort 5-15: Kraljic hat mit seinen Machtstrategien dann klare Handlungsempfehlungen ausgesprochen. Es sind hierzu folgende Aufgaben durch den Einkauf zu bearbeiten:

(1) Das Erstellen konkreter Analysen zur Machtsituation der beiden Parteien.

(2) Die Entscheidung zwischen drei generischen Strategien: (i) die eigene Macht ausnutzen, (ii) dem Lieferanten wegen fehlender Macht ausweichen oder (iii) die Beziehungen ausbalancieren.

(3) Die Entwicklung eines Aktionsfahrplans zur Umsetzung der jeweiligen Strategie.

Frage 5-16: Welche Grenzen hat das Konzept von Kraljic?

Antwort 5-16: Allen Strategien ist gemein, dass sie ihre Handlungsfelder aus der Nettomacht der Beziehung entwickeln und weniger die Marktposition bzw. die Wertschöpfung der Lieferkette in den Mittelpunkt ihrer Überlegungen stellen. Mit diesen vorgeschlagenen Strategien können letztlich die Beschaffungsprozesse zwischen den Partnern zugunsten einer Seite verändert werden, doch die Marktposition der kompletten Lieferkette wird strategisch nicht thematisiert. Ferner werden die (statistischen) Beziehungen zu Beschaffungsmärkten bei Kraljic analysiert und nicht die zu einzelnen Lieferanten, die innerhalb eines Marktes auch verschieden sein können. Die Beziehungen zu Lieferanten werden zudem nur auf die Macht reduziert und bilden die Vielzahl der Facetten einer Beziehung nicht im Ansatz ab. Es geht nur um ein Powerplay. Besonders kritisch ist zu sehen, dass seine Handlungsempfehlungen das (Aus-)Nutzen von Marktmacht vorsehen und die taktischen Maßnahmen hierzu so allgemeingültig sind, dass diese nicht als spezifische Strategieumsetzungen taugen. Es wird zudem nicht deutlich, welches Ziel mit dieser Methode verfolgt werden soll: Ein Lieferantenstamm nur aus Leverage-Lieferanten scheint angesichts der Marktgegebenheiten nicht praktikabel zu sein. Zudem werden die Prozesse der Umsetzung hinsichtlich Machbarkeit und Effektivität nicht diskutiert. Es ist zu bedenken, dass dieses Spiel auch von der anderen Seite gespielt werden kann. Die alleinige Handlungshoheit, insbesondere bei vorliegender Lieferantenmacht, liegt niemals nur beim Einkäufer.

Auf der anderen Seite wird die Macht zwischen den Partnern damit als zentrales Element der Lieferantenbeziehung herausgestellt. Die Automobilindustrie oder die Großbetriebsformen des Handels liefern hierzu lebende Beispiele dieser ausgeprägten Nettomacht.

d. Zur Lieferantenbewertung

Frage 5-17: Welche Ziele der Lieferantenbewertung sind zu unterscheiden?

Antwort 5-17: Die Lieferantenbewertung ist die dritte zentrale Aufgabe des Lieferantenmanagements. Sie nimmt einen zentralen Stellenwert ein, da sie direkten Einfluss auf die Aufnahme von Lieferanten in das Lieferantenportfolio und Einfluss auf die Lieferantenbeziehungen hat. Die Lieferantenbewertung umfasst dabei mehr als nur die ‚optimale' Auswahl eines Lieferanten („preferred supplier"). Die Bewertung ist im Allgemeinen mehr als die Einhaltung von Anforderungen, auch wenn dies den Kern jeder Bewertung darstellt.

Das Ziel der Bewertung eines Lieferanten ist selbstverständlich (i) die Überprüfung seiner Leistungsfähigkeit. Auf dieser Grundlage können dann (ii) Lieferantenentwicklungen eingeleitet werden. Positive Ergebnisse der Lieferantenbewertung und der Lieferantenentwicklung erhöhen (iii) die Akzeptanz gegenüber Dritten (zum Beispiel den Lieferanten selbst, Verbraucherverbänden oder Gerichten) und führen (iv) zu unabhängigen und fundierten Einschätzungen für ein Corporate Governance (im Gegensatz zu subjektiven Einschätzungen ‚aus dem Bauch' heraus).

Frage 5-18: Welche Dimensionen der Bewertung sind zu unterscheiden?

Antwort 5-18: Die Beurteilung der Lieferanten spiegelt sich immer an der Rolle, die der Lieferant in der Lieferkette des Unternehmens einnimmt. Dies gilt für alle vier oben genannten Gründe und Ziele der Lieferantenbeurteilung. Die Beurteilung der Lieferanten hat damit immer eine strategische und eine operative Dimension. Die **strategische** Dimension bildet dabei die effektive Rolle des Lieferanten als Teil der Lieferkettenwertschöpfung ab. Als Ergebnis wird das geforderte Leistungsspektrum des Lieferanten für das einkaufende Unternehmen nutzbar. Dies umfasst nicht nur die qualitative Leistung, sondern kann zum Beispiel auch die robuste Lieferfähigkeit umfassen. Die **operative** Dimension hingegen bildet die effiziente Rolle des Lieferanten in der Lieferkette ab. Als Beispiele können die Prozesseffizienz oder Produktionseffizienz genannt werden. Beide Dimensionen sind im Detail inhaltlich auszugestalten.

Frage 5-19: Welche Schritte umfasst die Bewertung der Lieferanten?

Antwort 5-19: Der **Prozess der Bewertung** besteht in der Regel aus zwei Phasen: Die **Phase 1** beinhaltet die Vorbereitung der eigentlichen Durchführung. Hierbei sind die Kriterien/ Indikatoren, die Relevanz der Kriterien/ Indikatoren, die Ausprägungsmöglichkeiten der Kriterien/ Indikatoren und deren Messbarkeit festzulegen. Damit ist im Kern die inhaltliche Vorbereitung zur Durchführung der Lieferantenbewertung abgeschlossen. In der **Phase 2** wird dann der Ablauf der Beurteilung organisiert. Es ist das (interne oder externe) Prüferteam zusammenzustellen und gegebenenfalls zu beauftragen. Es werden anschließend in einem Briefinggespräch mit den Führungskräften des zu beurteilenden Unternehmens die Zielsetzung und der Ablauf erläutert. Danach findet die eigentliche Beurteilung statt, indem das Prüferteam den Status des zu beurteilenden Unternehmens anhand der oben genannten Kriterien/ Indikatoren feststellt. Anschließend wird eine Gesamtbeurteilung (finales Gesamturteil/ Endnote) ermittelt und diese in einem Abschlussgespräch den Verantwortlichen des zu beurteilenden Lieferanten erläutert.

Frage 5-20: Welche Sachverhalte können auditiert werden?

Antwort 5-20: Die zu beurteilenden Sachverhalte können verschiedene **Bereiche** des Lieferanten betreffen. Die folgende Auflistung gibt eine Übersicht der möglichen Beurteilungsbereiche. Die Beurteilungen werden meist als **Audit** bezeichnet:

- die Organisation und das Management des Lieferanten (Management Audit)

- die Produktion (Audit zur Produktion oder zur Qualität)

- die Produktionsprozesse (Prozess Audit)

- die Einhaltung von Nachhaltigkeitskriterien (Audit zur Nachhaltigkeit bzw. zur Umwelt)

- die Ausgestaltung eines Risikomanagements (Risiko Audit)

- die Einhaltung von Compliance Standards (Compliance Audit)

- die Sicherstellung der Innovationsfähigkeit (Audit zu Innovationen)

- die Sicherstellung der Robustheit/Resilienz (Audit zur Robustheit).

Frage 5-21: Warum sind weltweit gültige Audits sinnvoll?

Antwort 5-21: Mit der spezifischen Beurteilung (Auditierung) wird jeweils ein einzelner Aspekt der Leistungsfähigkeit des Lieferanten einer Beurteilung unterzogen. Mit dem Beginn der Globalisierung und dem starken Anstieg der Arbeitsteiligkeit hat nicht nur die räumliche Entfernung zum Lieferanten zugenommen, sondern es hat auch eine kulturelle und soziale Entfernung stattgefunden. Aus diesem Grunde ist es nicht verwunderlich, dass mit dieser distanzierenden Entwicklung der Wunsch/ die Notwendigkeit der einkaufenden Unternehmen aufkeimte, ein ‚gutes Gefühl‘ und eine ‚Vergleichbarkeit‘ zur Leistungsfähigkeit der Lieferanten zu haben. Damit sollte die Lieferfähigkeit auf der Lieferantenseite in allen Dimensionen sichergestellt werden. Dieses gute und vergleichende Gefühl wurde durch weltweit vereinheitlichte Audits und Zertifikate dokumentiert. Da nicht jedes Unternehmen seinen eigenen Standard festlegen konnte, wurden internationale oder branchenbezogene Standards entwickelt und auch als Grundlage der Zusammenarbeit mit den Lieferanten gefordert. Diese Standards stellen heute de facto eine weltweit gemeinsame Sprache zwischen Lieferanten und Einkäufern dar.

Sollte dennoch für einen Bewertungsbereich eines Lieferanten keine ISO Norm vorliegen, so hat das Unternehmen entweder einen externen Dienstleister (zum Beispiel den TÜV) zu beauftragen und hierzu ein spezifisches Bewertungsschema zu entwickeln bzw. vom Dienstleister zu übernehmen. In diesen Fällen ist die grundsätzliche Vergleichbarkeit der Ergebnisse von Audits nicht gegeben, z.B. beim Einsatz mehrerer Dienstleister, bei wechselnden Kriterien im Zeitablauf oder unterschiedlichen Kriterien von unterschiedlichen einkaufenden Unternehmen.

Frage 5-22: Welche international anerkannten Audits sind etabliert?

Antwort 5-22: Die Standards werden von der International Organization for Standardization (ISO) vereinheitlichend festgelegt. Diese Normen sind anschließend vom Europäischen Komitee für Normung (CEN) als europäische Norm (EN) übernommen worden und haben Gültigkeit auch für die nationalen Institutionen. Im deutschsprachigen Raum ist dies das Deutsche Institut für Normung (DIN). Die genaue Zitierweise wird am Beispiel der ISO 14001 erläutert.

Folgende **ISO Standards** sind in der Industrie zwischen Einkauf und Lieferant weit verbreitet:

- ISO 9001 (Qualitätsmanagement - Anforderungen)

- ISO 9004 (Qualitätsmanagementsysteme – Leitfaden zur Leistungsverbesserung)

- ISO 16949 (Besondere Anforderungen bei Anwendung von ISO 9001:2000 für die Serien- und Ersatzteilproduktion in der Automobilindustrie)

- ISO 14001 bis 14064 (Umwelt Audit) mit der offiziellen Zitierweise DIN EN ISO 14001:2015-11, d. h. das europäische Komitee für Normung hat die ISO 14001 (überarbeitete Fassung der Norm 14000) als europäische Norm (EN) im November 2015 (2015-11) verabschiedet und das Deutsche Institut für Normung (DIN) hat diese Norm unverändert übernommen.

- ISO 21500 (Projektmanagement)

- ISO 26000 (Social Responsibility)

- ISO 31000 (Risikomanagement)

e. Mögliche Klausurfragen

Aufgabe a: Nennen und erläutern Sie die wesentlichen Vorteile des Single Sourcing (bzw. Multiple, Modular, Traditional, Local, Global Sourcing).

Aufgabe b: Nennen und erläutern Sie drei Kennzeichen einer dominanten Einkaufsstellung (bzw. Lieferantenstellung) und entwickeln Sie nun zwei begründete Maßnahmen für den Lieferanten (bzw. Einkauf), diese Abhängigkeit vom Einkauf (bzw. Lieferanten) zu reduzieren und in eine ausgeglichene Beziehung bzw. eine Lieferantendominanz (bzw. Einkaufsdominanz) umzuwandeln.

Aufgabe c: Nennen und erläutern Sie den Grundgedanken und den Prozess der Planung der Lieferantenstruktur. Verdeutlichen Sie Ihre Aussagen auch anhand eines Beispiels.

Aufgabe d: Kraljic hat mit seinem Portfolio eine Klassifizierung der Beschaffungssituationen entwickelt.

(i)   Erläutern Sie diese Konzeption von Kraljic.

(ii) Welche Entscheidungen des Einkaufs können hiermit unterstützt werden?

(iii) Inwiefern kann dieses Portfolio als Machtportfolio den Einkauf nicht unterstützen?

Aufgabe e: Erläutern Sie jeweils zwei Vor- und Nachteile der Nutzung von ISO-Standards für die Auditierung der Lieferanten.

6. Übungsfragen zum Risikomanagement und Compliance

a. Zum Risiko und zur Krise

Frage 6-1: Was unterscheidet das Risiko von der Krise?

Antwort 6-1: Im Management werden vor dem Hintergrund gegebener externer und interner Rahmenbedingungen und definierter Ziele Entscheidungen getroffen und umgesetzt, um bestimmte Ergebnisse zu erzielen. Doch diese geplanten Ergebnisse treten aufgrund von Änderungen nicht ein. Diese Abweichung der Ergebnisse wird als **Risiko** definiert. Das Risiko ist die Gefahr, eine Ergebnisabweichung (einen Schaden oder einen Verlust) zu erleiden. Das Risiko ist damit ein Maß für die Unsicherheit des Eintritts von Prognosen und Planungen. Es grenzt sich gegenüber der **Krise** ab, da die Krise schon eingetretene negative Zustände beschreibt. So steht dem unerwarteten Eintritt eines ungeplanten Ereignisses (Risiko) der Zustand mit unbefriedigender bzw. unzureichender Zielerreichung (Krise) gegenüber.

Frage 6-2: Was beinhaltet das Risikomanagement?

Antwort 6-2: Das Risikomanagement umfasst die Gesamtheit aller Maßnahmen, um

- zum einen potentielle Risiken zu erkennen und zu bewerten und

- zum anderen bereits bekannte Risiken mit geeigneten Strategien und Maßnahmen zu beherrschen oder zu begrenzen.

Frage 6-3: Welche grundsätzlichen Ursachen haben Risiken? Geben Sie ein Beispiel.

Antwort 6-3: An **Ursachen** für Risiken können unternehmensinterne (endogene) und unternehmensexterne (exogene) Ursachen unterschieden werden:

(1) **Endogene** Ursachen: Hierzu zählen insbesondere Managementschwächen (zum Beispiel die Verdrängung von Risiken oder eine mangelnde Risikoausbildung), Managementfehler (zum Beispiel die

unzureichende Beschäftigung mit dem Risiko). Das fehlende Risikomanagement ist eines der größten Risikoursachen.

(2) **Exogene** Ursachen: Hier können Ursachen im unternehmensspezifischen Umfeld (zum Beispiel Wettbewerber, Kunden, Lieferanten) und Ursachen im globalen Umfeld (zum Beispiel technologischer Wandel, Umweltkatastrophen, geänderte rechtliche Rahmenbedingungen oder gesellschaftliche Entwicklungen) genannt werden.

Vor diesem Hintergrund kann jede Aktivität eines Unternehmens eine Vielzahl an Risiken enthalten. Aus diesem Grund lassen sich auch mehrere Gliederungsmöglichkeiten von Risiken in der Literatur finden.

Folgendes **Beispiel** soll zunächst die Vielzahl von Risiken anhand einer Einkaufsentscheidung verdeutlichen: Es wird im August die Entscheidung getroffen, für den April nächsten Jahres benötigte Waren bei einem chinesischen Lieferanten in $ mit dem Liefertermin ex Hongkong FOB zu bestellen. Diese sollen Mitte Januar mit dem Containerschiff von Hongkong nach Hamburg und ab Hamburg mit dem Lkw nach Hof transportiert werden. Nach dem geplanten Eintreffen Ende März in Hof ist dann eine Pufferzeit von vier Wochen vorgesehen.

Dieses Beispiel enthält u. a. **Ursachen für Risiken** bezüglich der langen Vorlaufzeit, der Bearbeitung während der Urlaubszeit, der Schwankung der Währung, der Unterbrechungen bzw. Verzögerungen des Transportes, der Beeinträchtigungen bei der Lagerung, der Auswirkungen der Witterung auf die Prozesse oder der Qualität der Entscheidung. An Schadensmerkmalen können u. a. die Verteuerung der Ware, die Beschädigung der Ware, der Verlust der Ware, Folgekosten aufgrund verzögerten Eintreffens der Ware oder Einschränkungen des Einsatzes im eigenen Unternehmen auftreten.

b. Zu den gesetzlichen Grundlagen des Risikomanagements

Frage 6-4: Welche gesetzlichen Grundlagen bestehen zum Risikomanagement?

Antwort 6-4: Der deutsche Gesetzgeber und andere Institutionen haben vor diesem Hintergrund eine Reihe an Gesetzen und Regelungen erlassen, damit die Geschäftsführung eines Unternehmens ein aktives Risikomanagement betreibt:

- § 91 II AktG: Der Vorstand hat geeignete Maßnahmen zu treffen, insbesondere ein Überwachungssystem einzurichten, damit den Fortbestand der Gesellschaft gefährdende Entwicklungen früh erkannt werden.

- § 289 I HGB: Ferner ist im Lagebericht die voraussichtliche Entwicklung mit ihren wesentlichen Chancen und Risiken zu beurteilen und zu erläutern.

- Deutscher Corporate Governance Kodex im Punkt 4.1.4: Der Vorstand sorgt für ein angemessenes Risikomanagement und Risikocontrolling im Unternehmen.

- Der deutsche Rechnungslegungsstandard Nr. 5 (DRS 5) definiert in den einzelnen Abschnitten die Darstellung des Risikomanagementsystems (5.28/ 29), die Definition der Risikokategorien (5.16), die Beschreibung der Risiken (5.18), die Quantifizierung der Risiken (5.20), die Beschreibung der Bewältigungsmaßnahmen (5.21) und die Gliederung der Risiken (DRS 20).

- Es wird zudem das in der Section 404 des Sarbanes-Oxley Act (SOX) der USA geforderte interne Kontrollsystem und deren Dokumentation als Teil des Risikomanagementsystems interpretiert.

In den Anhängen der Geschäftsberichte der Unternehmen findet sich dann im Lagebericht ein separates Kapitel zum Chancen- und Risikomanagement des Unternehmens.

c. Zu den Phasen des Risikomanagements

Frage 6-5: Welche Phasen unterscheidet das Risikomanagement?

Antwort 6-5: Der Aufbau des Risikomanagements ist im Standard ISO 31000:2009 festgelegt und beschrieben. Im Standard ISO 31010 werden ergänzend 30 Methoden (beispielsweise Checklisten, Szenarioanalysen,

Ursache-/ Wirkungsanalysen oder Failure Mode Effect Analysis) der Risikobeurteilung aufgeführt und erläutert (ISACA/RMA, 2014). Das Risikomanagement wird dabei in **vier Phasen** eingeteilt:

- Phase 1: Risikoidentifizierung

- Phase 2: Risikobewertung

- Phase 3: Risikosteuerung

- Phase 4: Risikoüberwachung

In der ersten Phase (**Risikoidentifizierung**) wird eine Übersicht der Risikoarten in Form einer Liste erstellt. Diese Risiken sind hinsichtlich ihrer zeitlichen Entwicklung, ihrer Ursachen und ihrer Wirkungen auf Bereiche des Unternehmens (nicht nur für den Einkauf) zu erläutern.

Anschließend erfolgt die **Bewertung** der einzelnen Risiken hinsichtlich der möglichen Schadenshöhe (inklusive der Folgeschäden) und der Feststellung der Eintrittswahrscheinlichkeit. Damit wird ein Risikoerwartungswert hinsichtlich des möglichen Schadens ermittelt. Die Darstellung erfolgt hierbei überwiegend anhand eines Risikoportfolios, das die beiden genannten Bewertungsachsen Wahrscheinlichkeit und Schadenshöhe und in der Regel eine farbliche Kennzeichnung von grün (geringes Risiko mit geringer Eintrittswahrscheinlichkeit und geringem Schaden) bis rot (hohes Risiko mit hoher Eintrittswahrscheinlichkeit und hohem Schaden) bzw. dunkelrot (katastrophales Risiko mit sehr hoher Wahrscheinlichkeit und katastrophalen Konsequenzen) enthält.

In der Phase 3 (**Risikosteuerung**) stehen die vier Maßnahmen zur Verfügung:

- Risikovermeidung (Risiko wird ausgeschlossen)

- Risikoverminderung (Risiko wird reduziert)

- Risikotransfers (möglicher Schaden wird übertragen)

- Risikoakzeptanz (Risiko wird getragen)

Die ersten drei Maßnahmen sind aktive Maßnahmen. Die Risikoakzeptanz kann hingegen als passive Maßnahme bezeichnet werden.

Es ist nun für alle identifizierten und bewerteten Risiken eine Entscheidung zu treffen. Dabei entspricht die farbliche Reihenfolge von Rot nach Grün in der Regel auch der Abstufung von Vermeidung über Verminderung über Transfer bis Akzeptanz. Der Einsatz und die Entscheidung der jeweiligen Maßnahmen sind dabei abhängig vom Grad der Risikoaversion der Entscheidungsträger und der Risikokultur des jeweiligen Unternehmens. Die Zuordnung von Risiko und Maßnahme ist die Entscheidung der einzelnen Verantwortlichen des Unternehmens.

In der abschließenden Phase (**Risikokontrolle**) werden die Verantwortlichen des Risikomanagements, der Einsatz der Methode der Überwachung, die Dokumentation der Maßnahmen und die Dokumentation der Ergebnisse vorgenommen. Damit ist es möglich, aus den Ergebnissen der Risikosteuerung zu lernen und für Folgeentscheidungen dieses Know-how einzusetzen.

Frage 6-6: Was ist die besondere Herausforderung „Schwarzer Schwäne" im Risikomanagement?

Antwort 6-6: Trotz dieses organisierten Prozesses des Risikomanagements sollten sich die Verantwortlichen immer bewusst sein, dass **„Schwarze Schwäne"** immer auftreten können. Dieser Begriff geht auf Taleb mit seinem gleichnamigen Buch aus dem Jahr 2008 zurück. So war beispielsweise angesichts der Hochwasser in Süddeutschland der letzten Jahre erst von Jahrhundert-Hochwasser und später sogar von Jahrtausend-Hochwasser die Rede. Auch Tschernobyl, Fukushima oder der isländische Vulkan Eyjafjallajökull können als Beispiele für Schwarze Schwäne angeführt werden. Das scheinbar Unmögliche ist in unserer heutigen Zeit scheinbar möglich. Die fehlende Möglichkeit einer Prognose und die Schwierigkeit, das Unbekannte zu bedenken, ermöglichen nicht den Einsatz der beschriebenen Abfolge des Risikomanagements. Entweder kann keine Risikoart betrachtet werden (bislang unbekannte Situation) oder die Maßnahmen haben keine Priorität (Eintrittswahrscheinlichkeit von Null). Daher sind andere Vorgehensweisen und Managementsysteme nötig, um das Risiko „Schwarzer Schwäne" zu behandeln. Der interessierte Leser findet hierzu mehrere Konzepte bei Darr (2017b), S. 77ff.

d. Zu den Grundlagen des Compliance

Frage 6-7: Was umfasst Compliance in Unternehmen?

Antwort 6-7: Mit dem Begriff Compliance wird die Einhaltung von gesetzlichen Bestimmungen und regulatorischen Standards beschrieben. Die Überwachung der oben genannten Bestimmungen erfolgt im Rahmen der ordnungsmäßigen Unternehmensführung (Kontrollpflicht der Geschäftsführung) und ist damit Teil des Corporate Governance.

Die Verantwortung der Geschäftsleitung, deren Sorgfaltspflicht und deren Verletzung der Aufsichtspflicht sind in den §§ 76 I AktG, 93 AktG bzw. § 43 GmbHG und § 130 OWiG geregelt. Im Deutschen Corporate Governance Kodex heißt es unter 4.1.3: „Der Vorstand hat für die Einhaltung der gesetzlichen Bestimmungen und der unternehmensinternen Richtlinien zu sorgen und wirkt auf deren Beachtung durch die Konzernunternehmen hin (Compliance)."

Frage 6-8: Warum ist Compliance im Einkauf von besonderer Bedeutung?

Antwort 6-8: Diese Vorschriften haben insbesondere für den Einkauf eine besonders hohe Bedeutung. Diese resultiert aus den hohen Finanzflüssen des Einkaufs an die Lieferanten, die Tätigkeit des Einkaufs außerhalb des überwachten Betriebsgeländes des Unternehmens, der Vertraulichkeit der Gesprächsinhalte und ggf. der Gültigkeit unterschiedlicher nationaler Rechte. So hat der Einkauf in der heutigen Zeit nicht nur die Einhaltung der Gesetze in der Abwicklung seiner Aktivitäten mit seinem Lieferanten zu beachten, sondern ist über einzelne Gesetze auch verantwortlich für die Einhaltung der Gesetze in der kompletten Supply Chain. Durch die globale Arbeitsteilung und die globalen Vertriebsaktivitäten kann der Einkauf sich diesen Regelungen nicht entziehen und deshalb sind im Rahmen des Corporate Governance die organisatorischen Voraussetzungen für den Einkauf hierzu zu schaffen.

Die aktuelle Diskussion zum Compliance bezieht sich bezüglich der zu beachtenden Regeln im Wesentlichen für die im **United Nations Global Compact** beschriebenen zehn Prinzipien zu den Menschenrechten, den Arbeitsnormen, dem Umweltschutz und der Korruptionsbekämpfung. Der aktuelle Stand des Global Slavery Index, des Environmental Performance Index oder des Corruption Perceptions Index zeigt länderweise den bestehenden weltweiten Handlungsbedarf auf. Die vollständige Liste der internationalen und nationalen Einzelvereinbarungen zu den genannten Punkten ist hingegen sehr viel umfangreicher.

Frage 6-9: Was sind die Bausteine eines Compliance Management Systems (CMS)?

Antwort 6-9: Notwendig für ein effektives und effizientes Compliance Management ist der Aufbau eines Compliance Management Systems, so wie er im Institut der deutschen Wirtschaftsprüfer mit dem Prüfstandard 980 (IDW PS 980) oder in der Konzeption des TÜV Rheinland (TR CMS 101:2011) beschrieben ist. Es enthält folgende **acht Elemente**:

- Ressourcen zum Aufbau einer Compliance Organisation (sachliche Mittel und Mitarbeiter),

- Durchführung von Compliance Schulungen (Aufbau von Know-how bei den Mitarbeitern),

- Festlegung von Compliance Zielen und deren Messkriterien,

- Analyse von Compliance Risiken (Durchführung von Audits und Feststellen der Ergebnisse gemäß der Zielerreichung),

- Maßnahmen zur Reduzierung bzw. Vermeidung des Compliance Risikos (Entscheidungen des Managements),

- Aufbau einer Kommunikation mit Mitarbeitern und Stakeholdern (Überprüfbarkeit und Transparenz als Grundlage der Glaubwürdigkeit),

- Kontrolle zur Überwachung der Wirksamkeit der Maßnahmen (Verantwortung der Geschäftsleitung und Effektivität der Maßnahmen) und

- Aufbau einer Compliance Kultur (Compliance als selbstverständlicher Unternehmenswert).

Frage 6-10: Welche Brancheninitiativen bestehen zum Compliance?

Antwort 6-10: Angesichts der Herausforderungen ist es nicht verwunderlich, dass der Branchenverband der Einkäufer (BME) und die Branchenverbände beispielsweise der elektronischen Industrie (Electronic Industry Citizenship Coalition, EICC), der chemischen Industrie (Together for Sustainability, TfS) oder die Vereinigung für Palmöl (Roundtable on Sustainable Palm Oil, RSPO) konkrete Initiativen zum Code of Conduct und zum Compliance erarbeitet haben.

Frage 6-11: Welche Regelungen schreibt der Dodd-Frank Act vor?

Antwort 6-11: Bezüglich des Einsatzes von *Konfliktmineralien* (zum Beispiel Gold) als Produktionsmaterial gilt insbesondere die Section 1502 des US Dodd-Frank Wall Street Reform and Consumer Protection Act von 2010. Unternehmen, die an der US-Börse gelistet sind, haben in ihren jährlichen Bericht an die Börsenaufsicht darzulegen, ob in ihren Produkten Konfliktmineralien eingesetzt werden. In diesen Fällen ist offenzulegen, ob diese Mineralien aus der DR Kongo oder deren Nachbarländern stammen. Für diesen Fall hat das Unternehmen zusätzlich einen unabhängig auditierten *Conflict Mineral Report* zu erstellen. Der politische Druck hat diese Transparenz und die Vermeidung von Konfliktmineralien faktisch erzwungen. Die offiziellen Homepages der Unternehmen der Industrie (z.B. Sony oder Apple) dokumentieren die Einhaltung und den Zeitbedarf zur Umsetzung dieser Regelung.

Frage 6-12: Welche Regelungen schreibt der UK Modern Slavery Act vor?

Antwort 6-12: Bezüglich der Einhaltung der *Menschenrechte und Arbeitspraktiken* sind der US California Transparency in Supply Chains Act von 2010 oder der UK Modern Slavery Act von 2015 zu beachten. So fordert das enger gefasste UK Gesetz, dass die Geschäftsleitung verpflichtend eine Erklärung zum Geschäftsmodell und der Beschreibung der kompletten Supply Chain abgibt. Dabei sind die Unternehmensregeln zur modernen Sklavenarbeit, das eingesetzte Bewertungsmodell (einschließlich der KPIs) zu den Risiken von Sklavenarbeit, die eingeleiteten Maßnahmen und deren Wirksamkeit und interne Trainingsmaßnahmen zur Verhinderung von Sklavenarbeit auf der Homepage zu erläutern. Mit der Gültigkeit dieses Gesetzes wurde durch das Business & Human Rights Resource Center (BHRRC) hierzu eine zentrale Datenbank eingerichtet. Erste Auswertungen (z. B. von Ergon Associates) hierzu machen den Handlungsbedarf nach der Einführung des Gesetzes in formaler und inhaltlicher Hinsicht deutlich, indem die formalen und inhaltlichen Defizite zur korrekten Einhaltung des Gesetzes „nachzuarbeiten" sind.

Frage 6-13: Warum stellt die Nichtbeachtung von Compliance ein Risiko dar?

Antwort 6-13: Die Nichteinhaltung von Compliance Regeln ist ein ernstzunehmender Risikofaktor eines Unternehmens. Eine Studie von PriceWaterhouseCoopers aus dem Jahre 2013 zeigt Fortschritte und dennoch Handlungsbedarf beim Aufbau von Compliance Organisationen und der Umsetzung von Compliance Programmen. Dabei sollte beim Aufbau einer Compliance Organisation nicht nur die Vermeidung von Schäden (persönliche Haftung oder Reputationsschaden) oder die Kosten der Überwachung betrachtet werden, sondern auch die Sicherheit der Geschäftsprozesse (zum Beispiel bei Cyberattacken), die bessere Orientierung für Mitarbeiter und die Chancen einer exzellenten Reputation in der Öffentlichkeit/ bei Stakeholdern (im Vergleich zum Nicht-Compliancefall). Aktuell durchleben einzelne große Unternehmen den Prozess eines eingetretenen Compliance Risikos.

e. Mögliche Klausurfragen

Aufgabe a: Es werden vier Phasen im Risikomanagement unterschieden.

(i) Nennen und erläutern Sie diese vier Phasen.

(ii) Erläutern Sie eine konkrete Ausgestaltung des Risikomanagements anhand der Risikoarten „Hochwassergefahr am Standort des Lieferanten bzw. Wechselkursrisiko \$/€", indem Sie ein durchgängiges eigenständiges Beispiel für die Risikophasen zwei, drei und vier entwerfen.

Aufgabe b: Nennen und erläutern Sie drei mögliche Risiken für den Einkauf eines deutschen Unternehmens bei US-amerikanischen (bzw. britischen bzw. chinesischen bzw. griechischen) Lieferanten.

Aufgabe c: Inwiefern stellen „Schwarze Schwäne" eine Herausforderung für das Risikomanagement dar?

Aufgabe d: Erläutern Sie, inwiefern die Nichteinhaltung von Compliance Regeln ein Risiko für ein Unternehmen darstellt.

* * *

7. Literaturhinweise

Appelfeller, W.; Buchholz, W. (2011): Supplier Relationship Management, 2. Aufl., Wiesbaden 2011

Arnold, U. (1997): Beschaffungsmanagement, Stuttgart 1997

A.T. Kearney (2014): Procurement 2020[+]. 10 Mega-Trends, die den Einkauf verändern werden, Düsseldorf 2014

BPB (2016) Bundeszentrale für politische Bildung: www.bpb.de/nachschlagen/zahlen-und-fakten/globalisierung/52499/transport-und-kommunikation (Abruf: 17.11.2016)

Cammish, R.; Keough, M. (1991): A Strategic Role for Purchsing, in: McKinsey Quarterly, No. 3, 1991, S. 22-39

Cavinato, J. (1992): A Total Cost/Value Model for Supply Chain Competitiveness, in: Journal of Business Logistics, Vol. 13, Iss. 2, 1992, S. 285-301

Coase, R.H. (1937): The Nature of the Firm, in: Economia, Vol. 4, No. 16, 1937, S. 386-405

Cox, A. (2001a): Understanding Buyer and Supplier Power, in: Journal of Supply Chain Management, Vol. 37, Iss. 1, 2001, S. 8-15

Cox, A. (2001b): Managing with Power: Strategies for Improving Value Appropriation from Supplier Relationships, in: Journal of Supply Chain Management, Vol. 37, Iss. 2, 2001, S. 42-47

Cox, A. (2015): Power Positioning & Sourcing Portfolio Analysis: Technique for Effective Category Management & Strategic Sourcing, International Institute for Advanced Purchasing & Supply, White Paper 15/2, 2015, (www.iiaps.org)

Darr, W. (1992): Integrierte Marketing-Logistik, Wiesbaden 1992

Darr, W. (2013): Sieben Blickrichtungen der Logistik, Hofer Akademische Schriften, Band 11 der Reihe Einkauf und Logistik, Hrsg.: W. Darr, F. Lender, Hof 2013

Darr, W. (2017 a): Grundfragen des Einkaufsmanagements, Hamburg 2017

Darr, W. (2017 b): Spezialfragen des Einkaufsmanagements, Hamburg 2017

Gabath, C. (2010): Risiko- und Krisenmanagement im Einkauf, Wiesbaden 2010

Halley, A.; Nollet, J.; Hardy, G.; Chiurciu, R.-M. (2006): Power Relationships and Their Impact on Competency Development, in: Supply Chain Forum: An International Journal, Vol. 7, Iss. 2, 2006, S. 4-14

Hug, W.; Weber, J. (2011): Wertetreiber Einkauf. Wertehebel im Einkauf als Controllingaufgabe, Weinheim 2011

IGC (2013): Controller-Leitbild der International Group of Controlling, St. Gallen 2013, www.igc-controlling.org/fileadmin/pdf/controller-de-2013.pdf (Abruf: 17.11.2016)

ISACA/RMA (2014): Leitfaden ISO 31000 in der IT, Hrsg. von ISACA Germany Chapter e.V. und Risk Management Association e.V., 2014

Jarillo, J. (1988): On Strategic Networks, in: Strategic Management Journal, Vol. 9, Iss. 1, 1988, S. 31-41

Johnson, P.; Leenders, M.; Flynn, A. (2011): Purchasing and Supply Management, 14th edition, McGraw Hill International Edition 2011

Kerkhoff, G. (2011a): Milliardengrab Einkauf, Weinheim 2011

Kerkhoff, G. (2011b): www.kerkhoff-consulting.de/de/presse/pressespiegel/news-aus-einkauf-und-beschaffung/einkaeufer-stehen-in-zweiter-reihe-eine-aktuelle-studie-bei-deutschen-maschinenbauern/13fd0a0f2b.html?tx_ttnews[backPid]=42,(Abruf: 17.11.2016)

Kraljic, P. (1983): Purchasing Must Become Supply Management, in: Harvard Business Review, Vol. 61, Iss. 5, September-October, 1983, S. 109-117

Krampf, P. (2014): Beschaffungsmanagement, 2. Aufl., München 2014

Large, R. (2009): Strategisches Beschaffungsmanagement: Eine praxisorientierte Einführung, 4. Aufl., Wiesbaden 2009

Lysons, K; Farrington, B. (2012): Purchasing and Supply Chain Management, Pearson Education, London 2012

Mintzberg, H.; Ahlstrand, B.; Lampel, J. (2007): Strategy Safari. Eine Reise durch die Wildnis des strategischen Managements, Heidelberg 2007

Ouchi, W. (1979): A Conceptual Framework for the Design of Organizational Control Mechanisms, in: Management Science, Vol. 25, Iss. 9, 1979, S. 833-848

PwC (2013): Wirtschaftskriminalität und Unternehmenskultur 2013, Frankfurt 2013

Sartor, M. et al. (2014): International Purchasing Offices: Literature Review and Research Directions, in: Journal of Purchasing and Supply Management. Vol. 20, Iss. 1, 2014, S. 1-17

Schuh, C.; Kromoser, R.; Strohmer, M. F.; Pérez, R.R., Triplat, A. (2008): The Purchasing Chessboard: 64 Methods to Reduce Cost and Increase Value with Suppliers, Springer, New York 2008

Schulte, Chr. (2013): Logistik: Wege zur Optimierung der Supply Chain, 6. Aufl., München 2013

Statista (2016): Wertschöpfungsanteil der Automobilzulieferer am weltweiten Automobilbau in den Jahren 1985 bis 2015: de.statista.com/statistik/daten/studie/162996/umfrage/wertschoepfungsanteil-der-automobilzulieferer-am-automobilbau-weltweit/ (Abruf: 17.11.2016)

Statistisches Bundesamt (2016): Produzierendes Gewerbe. Kostenstruktur der Unternehmen des Verarbeitenden Gewerbes sowie des Bergbaus und der Gewinnung von Steinen und Erden 2014, Wiesbaden 2016

Taleb, N. N. (2008): Der Schwarze Schwan. Die Macht höchst unwahrscheinlicher Ereignisse, München 2008

van Weele, A. J. (2014): Purchasing and Supply Chain Management: Analysis, Strategy, Planning & Practice, 6th edition, Cengage Learning, EMEA 2014 van Weele, A.J.; Eßig, M. (2017): Strategische Beschaffung. Grundlagen, Planung und Umsetzung eines integrierten Supply Managements, Wiesbaden 2017

Williamson, O. E. (1975): Markets and Hierarchies. Analysis and Antitrust Implications, New York 1975

Internetquellen

Corruption Perceptions Index: www.transparency.org (Abruf: 17.11.2016)

Environmental Performance Index: www.epi.yale.edu (Abruf: 17.11.2016)

Global Slavery Index: www.globalslaveryindx.org (Abruf: 17.11.2016)

Institut der deutschen Wirtschaftsprüfer mit dem Prüfstandard 980 (IDW PS 980): www.idw.de (Abruf: 17.11.2016)

TÜV Rheinland Standard für Compliance Management Systeme (TR CMS 101:2015): www.tuv.com (Abruf: 17.11.2016)

Prof. Dr. Willi Darr

Grundfragen des Einkaufsmanagements
Paperback: ISBN 978-3-7345-8716-0
e-Book: ISBN 978-3-7345-8718-4

104 Seiten mit 9 Tabellen und 2 Abbildungen

Zeitfracht Medien GmbH
Ferdinand-Jühlke-Straße 7
99095 Erfurt, Deutschland
produktsicherheit@kolibri360.de